# 표본실의 청개구리 · 모범 경작생

### 염상섭 / 박영준

두 파산 / 쌀 / 굴레 / 이사 / 짖지 않는 개 / 절곡

**SR&B**(새로본닷컴)

이암의 〈모견도〉

# 〈베스트 논술 한국대표문학(전60권)〉을 펴내며

어린 시절의 독서는 평생의 이성과 열정을 보장해 줄 에너지의 탱크를 채우는 일입니다. 인생의 지표를 세울 수 있는 가장 믿을 만한 방법이기도 합니다.

새로 접하는 사물의 이치를 터득하려면 그 정보를 대뇌 속에 담는 프로그램이 마련되어 있어야 합니다. 그 프로그램을 구축하는 가장 효과적인 방법이 지속적인 독서입니다. 독서는 책과 나의 쌍방향적인 대화이며 만남이며 스킨십입니다.

그러나 단순한 독서만으로는 생각하는 힘과 정확히 표현하는 힘을 키울 수 없습니다. 〈베스트 논술 한국대표문학〉은 이에 유의하여 다음과 같이 편찬하였습니다.

① 초·중·고 교과서에 실린 고전 및 현대 문학 작품부터 〈삼국유사〉, 〈난중일기〉, 〈목민심서〉 등 우리의 정신을 일깨워 주고 우리에게 지혜와 용기를 준 '위대한 한국 고전'에 이르기까지 한 권 한 권을 가려 뽑았습니다.

② 각 권의 내용과 특성을 분석하여, '작가와 작품 스터디', '논술 가이드' 등을 덧붙여 생각하는 힘, 표현하는 힘을 키울 수 있도록 각 분야의 권위 학자, 논술 전문가들이 심혈을 기울였습니다.

③ 특히 현대 문학 부문은 최근 학계에서, 이 때까지의 오류를 바로잡아 정확한 텍스트를 확정한 것을 반영하였고, 고전 부문은 쉽고 아름다운 현대 국어로 재현하였습니다.

④ 각 작품에 관련된 작가의 고향을 비롯한 작품의 배경, 작품의 참고 자료 등을 일일이 답사 촬영하거나 수집·정리하여 화보로 꾸몄고, 각 작품의 갈피 갈피마다 아름다운 그림을 넣어, 작품에 좀더 친근감 있게 접근할 수 있도록 하였습니다.

이 〈베스트 논술 한국대표문학〉이 여러분이 '큰 사람', '슬기로운 사람'이 되는 데 충실한 밑거름이 되기를 바랍니다.

〈베스트 논술 한국대표문학〉 편찬위원회

동경 유학 시절의 염상섭

신혼 시절의 염상섭

서울시 문화상을 수상하는 염상섭

염상섭의 가족

〈삼대〉를 읽어보고 있는 염상섭

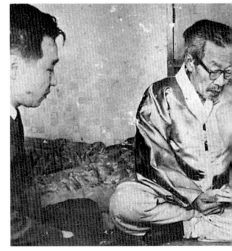

1964년 염상섭 묘비
제막식에 참석한 문인들

염상섭의 상

염상섭의 상

광성 고보 시절의 박영준

박영준의 결혼 기념 사진

연희 전문 학교를 졸업하던 때의 박영준

문학 강연 중인 박영준

문인들로 구성된 극단에서 공연하는 박영준(오른쪽)

연세 대학교 교정에서의 박영준

예술원상을 수상하는 박영준

회갑 여행을 떠나는 박영준의 가족

# 차례

# 표본실의 청개구리

# 표본실의 청개구리

## 1

무거운 기분의 침체와 한없이 늘어진 생의 권태는 나가지 않는 나의 발길을 남포까지 끌어왔다.

귀성한 후 칠팔 개삭간의 불규칙한 생활은 나의 전신을 해면같이 짓두들겨 놓았을 뿐 아니라 나의 혼백까지 두식*하였다. 나의 몸을 어디를 두드리든지 알코올과 니코틴의 독취를 내뿜지 않는 곳이 없을 만큼 피로하였었다. 더구나 육칠월 성하*를 지내고 겹옷 입을 때가 되어서는 절기가 급변하여 갈수록 몸을 추스르기가 겨워서 동네 산보에도 식은 땀을 줄줄 흘리고 친구와 이야기하려면 두세 마디째부터는 목침을 찾았다.

그러면서도 무섭게 앙분*한 신경만은 잠자리에서도 눈을 뜨고 있었다. 두 홰, 세 홰 울 때까지 엎치락뒤치락거리다가 동이 번히 트는 것을

* 두식  좀이 먹음.
* 성하(盛夏)  한여름.
* 앙분(昻奮)  매우 흥분함.

보고 겨우 눈을 붙이는 것이 일 주일 간이나 넘은 뒤에는 불을 끄고 드러눕지를 못하였다.

그 중에도 나의 머리에 교착하여 불을 끄고 누웠을 때나 조용히 앉았을 때마다 가혹히 나의 신경을 엄습하여 오는 것은, 해부된 개구리가 사지에 핀을 박고 칠성판* 위에 자빠진 형상이다.

내가 중학교 이 년 시대에 박물실험실에서 수염 텁석부리 선생이 청개구리를 해부하여 가지고 더운 김이 모락모락 나는* 오장을 차례차례로 끌어내서 자는 아기 누이듯이 주정병에 채운 후에 옹위하고 서 있는 생도들을 돌아다보며 대발견이나 한 듯이,

"자 여러분, 이래도 아직 살아 있는 것을 보시오."
하고 뾰죽한 바늘 끝으로 여기저기를 콕콕 찌르는 대로 오장을 빼앗긴 개구리는 진저리를 치며 사지에 못 박힌 채 벌딱벌딱 고민하는 모양이었다.

팔 년이나 된 그 인상이 요사이 새삼스럽게 생각이 나서 아무리 잊어버리려고 애를 써도 아니 되었다. 새파란 메스, 닭의 똥만한 오물오물하는 심장과 폐, 바늘 끝, 조그만 전율…… 차례차례로 생각날 때마다 머리끝이 쭈뼛쭈뼛하고 전신에 냉수를 끼얹은 것 같았다.

남향한 유리창 밑에서 번쩍 쳐드는 메스의 강렬한 반사광이 안공을 찌르는 것 같아 컴컴한 방 속에 드러누웠어도 꼭 감은 눈썹 밑이 부시었다. 그러나 그럴 때마다 머리맡에 놓인 책상 서랍 속에 넣어 둔 면도칼이 조심이 되어서 못 견디었다.

내가 남포에 가던 전날 밤에는 그 증이 더욱 심하였다. 간반통밖에 안 되는 방에 높이 매달은 전등불이 부시어서 꺼 버리면 또다시 환영에

---

* 칠성판  시체를 염습하여 눕히는 판대기.
* 더운 김이 모락모락 나다  개구리는 냉혈 동물이라 더운 김이 안 나온다는 비판을 받기도 하는 구절.

괴롭지나 않을까 하는 염려가 없지 않았으나, 심사가 나서 웃통을 벗은 채로 벌떡 일어나서 스위치를 비틀고 누웠다. 그러나 '째응' 하는 소리가 문틈으로 스러져 나가자 또 머리를 엄습하여 오는 것은 수염 텁석부리의 메스, 서랍 속의 면도다. 메스…… 면도, 면도, 메스…… 잊으려면 잊으려 할수록 끈적끈적하게도 떨어지지 않고 어느 때까지 꼬리를 물고 머릿속에서 돌아다니었다. 금시로 손이 서랍으로 갈 듯 갈 듯하여 참을 수가 없었다. 괴이한 마력은 억제하려면 할수록 점점 더하여 왔다. 스스로 서랍이 열리는 소리가 나서 소스라쳐 눈을 뜨면 덧문 안 닫은 창이 부옇게 보일 뿐이요, 방 속은 여전히 암흑에 침적하였다. 비상한 공포가 전신에 압도하여 손끝 하나 까딱거릴 수 없으면서도 이상한 매력과 유혹은 절정에 달하였다.

"내가 미쳤나? 아니, 미치려는 징조인가?"
하며 제풀에 겁이 났다.

나는 잠에 취한 놈모양으로 이불을 와락 차던지고 일어나서 서랍에 손을 대었다. 그러나 '그래도 손을 대었다가……' 하는 생각이 전뢰*와 같이 머릿속에 번쩍할 제 깊은 꿈에서 깨인 것같이 정신이 반짝 나서 전등을 켜려다가 성냥통을 더듬어 찾았다. 한 개비를 드윽 켜 들고 창틀 위에 얹어 둔 양초를 집어 내려서 붙여 놓은 후 서랍을 열었다. 쓰다가 몇 달 동안이나 꾸려 둔 원고, 편지, 약갑들이 휴지통같이 우굴우굴한 속을 부스럭부스럭하다가 미끈하고 잡히는 자루에 집어넣은 면도를 외면을 하고 꺼내서 창 밖으로 뜰에 내던졌다. 그러나 역시 잠은 못 들었다.

맥이 확 풀리고 이마에는 식은땀이 비져나왔다. 시체 같은 몸을 고민하고 난 병인처럼 사지를 축 늘어뜨려 놓고 누워 생각하였다.

---

* 전뢰(電雷) 전기, 번개와 벼락.

하여간 이 방을 면하여야 하겠다.

지긋지긋한 듯이 방 안을 휘익 둘러본 뒤에 이렇게 생각하였다. 어디든지 여행을 하려는 생각은 벌써 수삭 전부터 계획이었지만 여름에 한 번 놀러가 본 신흥사에도 간다는 말뿐이요, 이때껏 실현은 못 되었다.

어디든지 가야겠다. 세계의 끝까지, 무한에, 영원히, 발끝 자라는 데까지, 무인도! 시베리아의 황량한 벌판! 몸에서 기름이 부지직부지직 타는 남양……! 아아.

나는 그림엽서에서 본 울창한 산림, 야자수 밑에 앉은 나체의 만인*을 생각하고 통쾌한 듯이 어깨를 으쓱하여 보았다. 단 일 분의 정거도 아니 하고 땀을 뻘뻘 흘리며 힘있는 굳센 숨을 헐떡헐떡 쉬는 풀 스피드의 기차로 영원히 달리고 싶다……. 만일 타면 현기가 나리라는 염려만 없었으면 비행기! 비행기! 하며 혼자 좋아하였을지도 몰랐다.

2

내가 두어 달 동안이나 집을 못 떠나고 들어앉았는 것은 금전의 구애가 제일 원인이었지마는 사실 대문 밖에 나서려도 좀처럼 하여서는 쉽지 않았다.

그 이튿날 H가 와서 오늘은 꼭 떠날 터이니 동행을 하자고 평양 방문을 권할 때에는 지긋지긋한 경성의 잡답*을 등지고 떠나서 다른 기분을 얻으려는 욕구와 장단을 불구하고 하여간 기차를 타게 될 호기심에 끌리어서,

"응, 가지, 가지."

하며 덮어놓고 동의는 하였으나 인제 징밀 떠날 때가 되어서는 떠나고

---

* 만인(蠻人)  남쪽 원주민.
* 잡답(雜沓)  사람이 많이 휩쓸려 붐빔. 혼잡.

싶은지 그만두어야 좋을지 자기의 심중을 몰라서, 어떻게 된 셈도 모르고 H에게 끌려 남대문역*까지 하여간 나왔다.

열차는 아직 도착하지 않았으나 승객은 입장하고 있는 중이었다.

나는 급히 표를 사 가지고 재촉하는 H를 따라갔다. 시간이라는 세력이 호불호*, 긍불긍*을 불문하고 모든 것을 불가항력하에서 독단하여 끌고 가게 된 것을 나는 오히려 다행히 알고 되어 가는 대로 되라고 생각하며 하나씩 풀려나가는 행렬 뒤에 섰다. 그러나 검역 증명서가 없다고 개찰구에서 H와 힐난이 되는 것을 보고 나는 행렬에서 벗어나서 또다시 아니 가겠다고 하였다.

심사가 난 H는 마음대로 하라고 뿌리치며 혼자 출장 주사실로 향하다가 돌쳐와서 같이 끌고 들어갔다.

백 촉이나 되는 전등 밑에서 히스테리컬한 간호부가 주사침을 들고 덤벼들 제 나는 반쯤 걷어올렸던 샤쓰를 내리며 돌아서 마주 섰다. 그러나 간호부의 핀잔과 재촉에 마지못하여 눈을 딱 감고 한 대 맞은 후 황황히 플랫폼으로 들어가서 차에 올랐다. 차에 올라앉아서도 공연히 후회를 하고 앉았었으나 강렬한 위스키의 힘과 격심한 전신의 동요, 반발, 차바퀴 달리는 소리, 암흑을 돌파하는 속력, 주사 맞은 어깨의 침통 …… 모든 관능을 일시에 용약*케 하는 자극의 와중에서 모든 것을 잊고 새벽에는 쿨쿨 자리만큼 마음이 가라앉았다. 덕택으로 오늘 밤에는 메스도 번쩍거리지 않고 면도도 뛰어나오지 않았다.

동이 틀락말락하여서 우리들은 평양역에 내렸다.

남포행은 아직 이삼십 분이나 있는 고로 우리들은 세면소에서 세수를 하고 대합실로 나왔다. 나는 부석부석 붉은 눈을 내리깔고 소파 끝

---

* 남대문역  지금의 서울역.
* 호불호(好不好)  좋음과 좋지 아니함.
* 긍불긍(肯不肯)  옳음과 옳지 아니함.
* 용약(踊躍)  뛰어오름.

에 앉았다가 벌떡 일어나서,

"난 예서 좀 돌아다닐 테니……."

내던지듯이 한 마디를 불쑥하고 H를 마주 쳐다보다가,

"혼자 가서 Y군을 만나 보고, 오늘이라도 같이 이리 오면 만나 보고, 그렇지 않으면 혼자 돌아다니다가 밤차로 갈 테야."

하며 H의 대답도 듣지 않고 돌아서 나왔다.

"응? 뭐야? 그 왜 그래…… 또 미친 증이 난 게로군."

하며 H는 벗어들었던 레인코트를 뒤집어쓰면서 쫓아나와 붙든다.

"……사람이 보기 싫어서…… 사실 Y군과 만나기로 별로 이야기할 것도 없고."

하며 애원하듯이 힘없는 구조로 한 마디 하고,

"영원히 흘러가고 싶다. 끝없는 데로……."

혼자말처럼 힘을 주어 말을 맺고 훌쩍 나와 버렸다.

H도 하는 수 없이 테이블에 놓았던 트렁크를 들고 따라 나왔다.

우리 양인은 대동강가로 길을 찾아나와서 부벽루로, 훤히 동이 틀까 말까한 컴컴한 길을 소리 없이 걸었다.

한바탕 휘돌아서 내려오다가 종로에서 조반을 사 먹고 또다시 부벽루로 향하였다. 개시를 하고 문전에 물을 뿌린 뒤에 신문을 펴들고 앉았는 것은 청량하고 행복스럽게 보였다.

아까 내려올 제는 능라도서 저편 지평선에서 주홍의 화염을 뿜으며 날름날름하던 아침 해가 벌써 수원지 연통 위에 올라서 천변식목* 밑으로 걸어가는 우리의 곁뺨을 눈이 부시게 내리쬐었다.

칫솔을 물고 바위 위에 섰는 사람, 수건을 물에 담그고 세수하는 사람들도 간혹 눈에 띄었다. 나는 발을 멈추고 무심히 내려다보다가 자기

---

\* 천변식목(川邊植木)  개울가에 심은 나무.

도 산뜻한 물에 손을 담가 보고 싶은 생각이 나서 얕은 곳을 골라서 물가로 뛰어내려갔다.

H도 쫓아내려와서 같이 손을 담그고 앉았다가,

"X군, 오후 차로 가지?"

"되어 가는 대로······."

다소 머리의 안정을 얻은 나는 뭉쳤던 마음이 풀어진 듯하였다. 나는 아침 햇빛에 반짝이며 청량하게 소리 없이 흘러내려가는 수면을 내다보며 이렇게 대답하고 '물은 위대하다.' 라고 속으로 부르짖었다.

이 때에 마침 뒤 동둑에서 누군지 이리로 점점 가까이 내려오는 발소리를 듣고 우리는 무심히 힐끗 돌아다보았다. 마른 곳을 골라 디디느라고 이리저리 뛸 때마다 등에까지 철철 내리덮은 장발을 눈이 옴폭 패인 하얀 얼굴 뒤에서 펄럭펄럭 날리면서 앞으로 가까이 오는 형상은 동경 근처에서 보던 미술가가 아닌가 의심하였다. 이 기괴한 머리의 소유자는 너희들의 존재는 나의 의식에 오르지도 않는다는 교만한 마음으로인지 혹은 일신에 모여드는 모든 시선을 피하려는 무관심한 태도로인지 모르겠으나, 하여간 오른손에 든 짤막한 댓개비를 전후로 흔들면서 발끝만 내려다보며 내 등 뒤를 지나 한간통쯤 상류로 올라가 자리를 잡고 앉았다.

그도 우리와 같이 손을 물에 성큼 넣고 불쩍불쩍 소리를 내더니 양치를 한 번 하고 벌떡 일어나서 대동문을 향하여 성큼성큼 간다. 모자도 아니 쓴 장발과 돌돌 말린 때 묻은 철겨운 모시박이 두루마기자락은 오른편 손가락에 끼우고 교묘히 돌리는 댓가지와 장단을 맞춰서 풀풀풀풀 날리었다.

"오늘은 꽤 이른걸."

"핫하! 조반이나 약조하여 둔 데가 있는 게지."

하며 장발객을 돌아서 보다가 서로 조소하는 소리를 뒤에 두고 우리는 손을 씻으면서 동쪽으로 올라왔다.

진정한 행복은 저런 생활에 있는 게야, 하며 혼자 생각하였다. 우리는 황달*이 들어가는 잡초에 싸인 부벽루 앞 축대 밑까지 다다랐다. 소경회루라 할 만큼 텅 빈 누 내에는 뽀얀 가을 햇빛이 가벼운 아침 바람에 안기어 전면에 흘러들어왔다. 좀 피로한 우리는 누 내에 놓인 벤치에 걸터앉으면서 여기저기 매달린 현판을 쳐다보다가,

"사람이란 그럴까, 저것 좀 보아."

좌편에 달린 현판 곁에 붙인 찰*을 가리키며 나는 입을 열었다.

자기의 존재를 한 사람에게라도 더 알리려는 것이 본능적 욕구라면 그만이지만 저렇게까지라도 하지 않으면 만족할 수 없다는 것을 보면…… 참 정말 불쌍하다고 생각하였다.

"그는 고사하고 지금 지나온 그 절벽에 역력히 새긴 이모 김모란 성명은 대체 누구더러 보라는 것이야…… 이러구서도 밥이 입으로 들어갔으니 좋은 세상이었지."

나는 금시로 알 수 없는 분노가 치밀어올라와서 벌떡 일어나와 성벽에 기대어 아래를 내려다보고 섰었다.

"그것이 소위 유방백세*라는 것이지."

H도 일어나오며,

"그렇게 내려다보고 섰는 것을 보니…… 입포리(〈사의 승리〉의 여주인공)가 없는 게 한이로군……."

"내가 '쫄지요' 인가."

하고 나는 고소하였다.

"적어도 '쫄지요' 의 고통은 있을 테지."

---

* **황달**(黃疸)  얼굴이 누렇게 뜨는 병.
* **찰**(札)  문패.
* **유방백세**(流芳百世)  꽃다운 이름이 후세에 길이 전함.

"그야…… 현대인 쳐놓고 누구나 일반이지."

우리는 입을 다물고 잠시 섰다가 을밀대로 향하였다.

외외*히 건너다보이는 대각은 엎드러지면 코 닿을 듯하여도 급한 경사는 그리 쉽지 않았다. 우리는 허위단심* 겨우 올라갔다. 그러나 대상의 어떤 오복점 광고의 벤치가 맨 먼저 눈에 띌 때 부벽루에서는 앉기까지 하여도 눈 서투르지 않던 것이 새삼스럽게 불쾌한 생각이 났다. 나는 눈을 찌푸리고 잠시 들여다보다가 발도 들여 놓지 않고 돌쳐서서 그늘진 서편 성 밑으로 내려왔다.

높은 성벽에 가리운 일면은 아직 구슬 이슬이 끝만 노릇노릇하게 된 잔디 잎에 매달려서 어디를 밟든지 먼지가 앉은 구두 끝이 까맣게 반짝거렸다. 나는 성에 등을 기대고 앞에 전개된 광야를 맥없이 내려다보고 섰다가 다리가 풀리어서 그대로 털썩 주저앉았다. 엄동에 음산한 냉방에서 끼치는 듯한 쌀쌀한 찬바람이 늘어진 근육에 와 닿을 때 나는 정신이 반짝 들었다.

그러나 다리를 내던지고 벽에 기대어서 두 손으로 이슬방울을 흩뜨리며 앉았는 동안에 사지가 느른하고 졸음이 와서 포켓에 넣어 둔 신문지를 꺼내서 펴고 드러누웠다.

……H에게 두세 번 흔들려서 깬 때는 이렁저렁 삼십 분이나 지났었다.

깜짝 놀라 벌떡 일어나 앉으니까 H는 단장 끝으로 조약돌을 여기저기 딱딱 치며 장난을 하다가 소리를 내어 깔깔 웃으면서,

"아, 예가 어덴 줄 알고 잠을 자아? 그리고 잠꼬댄 무슨 잠꼬대야? 왜 얼굴이 저렇게 뒤틀렸어?"

나는 멀거니 H의 주름 많은 얼굴을 쳐다보고 앉았다가

"으응……."

---

* 외외(巍巍)  높은 산이 우뚝 솟은 모양.
* 허위단심  허위적거리고 무척 애를 씀.

하며 무엇이라고 입을 벌리려다가 하품에 막히어 말을 끊고, 일어나서 두 손을 바지 포켓에 지르고 이리저리 거닐었다. H가 내 꽁무니의 앉았던 자리가 동그랗게 이슬에 젖은 것을 보고 놀라는 데에는 대꾸도 아니하고 나는 좀 선선한 증이 나서 양지로 나서면서 가자고 H를 끌었다.

"왜 그래? 무슨 꿈이야?"

H는 따라오며 물었다.

"……죽는 꿈…… 아주 영영 죽어 버렸다면…… 좋았을걸……."

나는 무엇을 보는 것도 없이 앞을 멀거니 내다보며 꿈의 시종을 차례차례로 생각하여 보다가 이같이 내던지듯이 한 마디 하고 궐련을 꺼내 물었다.

"자살?"

H는 웃으면서 나를 쳐다보았다.

"……미인의 손에. 나 같은 놈에게 자살할 용기나 있는 줄 아나? 아아하."

"누구에게? 미인에겔 지경이면 한두어 번 죽어 보았으면…… 해해해."

"참 정말…… 하여간 아무 고통 없이 공포도 없이 죽는 경험만 해 보고 그리고도 여전히 살아 있을 수만 있으면 여남은 번이라도 통쾌해…… 목을 졸라매일 때의 쾌감! 그건 어떤 자극으로도 얻을 수 없는 거야."

나는 무엇이라고 형용할 수 없는 썩어 가는 듯한 심사를 이기지 못하여 입을 다물고 올라가던 길로 천천히 내려오다가 H의 묻는 것이 귀찮아서 다점 앞으로 지나오며 꿈 이야기를 들려 주었다.

……무슨 일이었던지 분명치는 않으나…… 아마 쌀을 찧어서 떡을 만들었는데 익지를 않았다고 해서 그랬던지……? 하여간 흰 가루가 뒤발*을 한 손을 들고 마루 끝에서 어정버정하다가 인제는 죽을 때가 되었다는 것처럼 손에 들었던 수건으로 목을 매고 덧문을 첩첩이 닫은 방 앞 툇마루 위에 반듯이 드러누우니까, 어떤 바짝 말라서 뼈만 남은 흰 손이 머리맡에서 슬그머니 넘어와서 목에 매인 수건의 두 자락을 좌우로 슬금슬금 졸라 대었다. 그 때에 나는 이것이 당연히 당할 약조가 있었다는 것처럼 어떠한 만족과 안심을 가지고 눈을 감은 채 조용히 드러누웠었다. 그 때에…… 차차 목이 메어올 때의 이상한 자극은 낙지* 이후에 처음 경험하는 쾌감이었다. 그러나 무슨 까닭에 이같이 일찍 죽지 않으면 안 되는가…… 참 정말 죽었는가 하는 의문이 나서 몸을 뒤틀며 눈을 번쩍 떠 보았다……

---

* 뒤발  무엇을 온몸에 뒤집어써서 바름.
* 낙지(落地)  땅에 떨어짐. 세상에 태어남.

"깜짝 놀라 일어날 때에 빙그레 웃고 섰는 군은 악마가 아닌가 생각
하였어…… H군의 웃음은 늘 조소하는 듯이 보이지만 아까는 참말
화가 나서……."

실상 아까 깨었을 때에 제일 심사가 나는 것은 꿈자리가 사나운 것보
다도 H가 조소하듯이 빙그레 하며 웃고 섰는 것이었다.

"……그러나 암만 생각하여도 희한한 것은 처음부터 눈을 감고 누웠
었는데 어찌하여 그 '손' 의 주인이 여성이었다고 생각되는지, 내가
생각하여도 알 수가 없어……."

이야기를 마친 후 나는 말할 수 없는 심화가 공연히 가슴에 치미는
것 같아서 올라올 제 앉았던 강물가로 뛰어내려가서 세수를 하였다.


3


남포에 도착하였을 때는 벌써 오후 두 시가 훨씬 넘었었다. 출입하였
던 Y는 방금 들어와서 옷을 벗어던지고 A와 마주 앉아서 지금 심방*하
고 온 사람의 이야기를 하고 있다가 우리들을 보고 놀란 듯이 뛰어나와
맞아들였다.

우리를 맞은 Y는 웬 셈인지 좌불안석*의 태도였다.

"P는 잘 있나? 금명간 올라가려고 하였지. 평양서 전화를 하였더면
내가 평양으로 나갈걸. 곤할 테지? 점심은?"

순서 없는 질문을 대답할 새도 없이 연발하였다. 나는 간단히 응대하
고 졸립다고 드러누웠다.

Y는 무슨 다른 생각을 하면서도 좌중의 흥을 돋우려고 애를 쓰는 듯
이 이 사람 저 사람 쳐다보며 입을 쫑긋쫑긋하다가 나를 건너나보며,

* 심방(尋訪) 방문하여 찾아봄.
* 좌불안석(坐不安席) 안정을 취하지 못하고 어쩔 줄 몰라 함.

"……웬 셈이야? 당대의 원기는 다 어디 갔나? 그 표단*은? 하하하."

"글쎄…… 그것도 인제 좀 염증이 나서……."

나도 시든 웃음을 띠며,

"여기까지 가지고 오긴 왔지!"

하고 누운 채 벗어 놓은 외투를 잡아당기어 차간에서 먹다 남은 위스키 병을 주머니 속에서 꺼내어 내미니까 일동은 하하하 웃으면서 잠자코 누워 있는 나를 내려다본다.

"그러나 그것 큰일났군. 제행무상*을 감하였나…… 무표단이면 무인 생이라던 것은 취소인가."

Y는 다소 과장한 듯이 흘흘 느끼며 웃었다.

"그런데 표단이란 무엇이야?"

영문을 모르는 A는 Y에게 묻고 나에게로 고개를 돌렸다.

"흥흥흥, 한 마디로 쉽게 설명하면 우선 X군 자신인 동시에 X군의 인생관을 '심벌' 한 X군의 술병이랄까."

"응? X군의 인생관……인 동시에 X씨 자신의…… 무엇이야? 어디 나 같은 놈은 알아들을 수가 있나?"

하며 A는 손을 꼽다가 웃고 말았다.

"아니랍니다. 내가 일전에 서울서 어떤 상점에 갔던 길에 표단 모양 으로 만든 유리 정종병이 마음에 들기에 사 가지고 왔더니 여럿이 놀 린답니다."

나도 이같이 설명을 하고 웃어 버렸다.

"그러나 이 술을 선생한테나 갖다 주고 강연이나 들을까?"

H는 병을 들어서 레테르에 쓰인 글자를 들여다보며 웃었다.

"남포에도 표단이 있는 게로군……."

---

* 표단(瓢簞) 표주박.
* 제행무상(諸行無常) 우주 만물은 항상 돌고 변하여 한 모양으로 머물러 있지 아니함.

H도 웃었다.

"웅! 그러나 병유리가 좀 흐려…… 닦은 유리(스리가라스: 모래로 간 것)랄까."

일동은 와하하 하며 웃었다. 나는 눈을 감고 드러누워서 이야기를 듣다가 잠이 올 것 같지 않아 다시 일어나 앉으며,

"A씨도 표단당에 한몫은 가겠지요."

하고 위스키병을 들어서 한 잔 따라 권하고 나도 반배를 받았다.

"그래 여기 표단은 어때?"

하며 H는 나를 쳐다보는 모양이었으나 나는 술을 마시느라고 못 보았다.

"……별로 표단을 달고 다니지는 않지만 삼 원 오십 전에 삼층집을 지은 대건축가인데……."

"삼 원 오십 전에? 하하하, 미친 사람인 게로군?"

H가 웃었다.

"글쎄 미쳤다면 미쳤을까…… 그러나 인생의 최고 행복을 독점하였다고 나는 생각해……."

Y는 천연덕스럽게 대답하였다. Y와 H가 이야기하는 동안에 나는 A와 잡지계에 관한 이삼 문답을 하다가 자기들 이야기를 들으라고 H가 부르는 바람에 나도 말참례를 하였다.

"술 이야기는 아니나 삼 원 오십 전에 삼층집을 지은 대철인이 있단 말이야……."

Y는 다시 설명을 하고 어느 틈에 빈 병이 된 것을 보고,

"술이 없군. 위스키를 사 올까."

하더니 하인을 불러 명하였다.

"옳은 말이야. 철학자가 땅두더지로 환장을 하였거나 위인이 하늘에서 떨어졌거나 삼 원 아니라 단 삼 전으로 삼십층을 지었거나 누가 아나…… 표단 이상의 철학서는 적어도 내 눈에는 보이지를 않으니

까……."

나는 냉소를 하면서 또다시 A에게로 향하였다.

"그러나 군은 무슨 까닭에 술을 먹는가."

"논리는 없지. 다만 취하려고."

"그러게 말이야…… 군은 아무것에도 붙을 수 없었다. 아무것에도 만족할 수가 없었다. 결국 알코올 이외에 아무것도 없었다. 비통하고 비참은 하나 그 중에서 위안을 얻기에 먹는 게 아닌가. 그러나 결코 행복은 아니다. 그는 고사하고 알코올의 힘을 빌지 않아도 알코올 이상의 효과가…… 다만 위안뿐 아니라 행복을 얻을 만한 것이 있다 하면 군은 무엇을 취할 터이냐는 말이야. 하하하……."

"알코올 이상의 효과? ……광증이냐? 신념이냐? 이 두 가지밖에 없을 것이오…… 그러나 오관이 명확한 이상에, 피로, 권태, 실망…… 이외에 아무것도 없는 이상…… 그것도 광인으로 일생을 마칠 숙명이 있다면 하는 수 없겠지만 —— 할 수 없지 않은가."

주기가 돌수록 나는 더욱더 흥분이 되어 부지불식간에 한 마디 한 마디씩 힘을 들여 명확한 악센트를 붙여서 말을 맺고,

"하여간 우선 먹고 봅시다. A공 자……."

하며 잔을 A에게 전하였다.

"그러나 A군, 톨스토이즘*에다가 윌슨이즘*을 가미한 선생의 설교를 들을 제 나는 부럽던걸."

술에 약한 Y는 벌써 빨개진 얼굴을 A에게 향하고 동의를 구하였다.

"오늘은 좀 신기가 불편한데…… 연일 강연에 목이 쉬어서 이야기를 못하겠달 제는 사람이 기가 막혀서…… 하하하."

A는 Y와 삼층집에 갔을 때의 일을 꺼내었다.

---

* 톨스토이이즘  톨스토이식의 인도주의.
* 윌슨이즘  민족자결을 강조한 민족주의.

"듣지 않아도 세계평화론이나 인류애쯤 떠드는 게로군."
하며 나는 윗목으로 나가 드러누웠다.

아랫목에서는 Y를 중심으로 하고 삼층집 주인의 이야기가 어느 때까지 끝이 아니 났다. 가다가다 와아 —— 하고 터져나오는 웃음소리에 나는 소르르 오는 잠이 깨고 깨고 하다가 종내 잠을 잃어서 나도 귀를 기울이게 되었다.

Y가 두 발을 쳐들고 엉덩이로 이리저리 맴을 돌면서 삼층집 주인이 자기 집에 문은 없어도 출입이 자유자재라고 자랑하던 흉내를 내는 것을 보고 여럿이 웃는 통에 나도 눈을 떠 보고 일어났다. 약간 취기가 오른 나는 찬바람도 쐬고 싶고 또 어차피 오늘 밤은 평양에 나가서 묵을 작정인 고로 정거장 가는 길에 삼층집 아래를 가고 싶은 생각이 나서,

"우리 구경 가 볼까?"
하고 Y에게 물었다.

"글쎄 좀 늦지 않았을까?"
하며 Y는 시계를 꺼내 보더니,

"아직 다섯 시가 못 되었군…… 그러나 강연은 못 할걸! 보시다시피 역사를 벌여 놓고 매일 강연에 목이 쉬어서……."
하며 흉내를 내고 또 웃었다.

네 청년은 두어 시간 동안의 홍소 훤담\*에 다소 피로를 느낀 듯이 모두 잠자코 석양판에 갑자기 번잡하여 오는 큰길로 느럭느럭 걸어 나왔다.

4

황해에 잠긴 석양은 백운을 뚫고 흘러 벌리 바라보이는 서편 이층집

---

\* 홍소훤담(哄笑喧談)　크게 입을 벌려서 떠들썩하게 웃어 대고, 시끄럽게 이야기함.

지붕에 은빛으로 반짝거리었다.

　Y의 집에서 나온 우리 일행은 축동 거리를 일 정쯤 북으로 가다가 십
자로에서 동으로 꼽쳐 새 거리로 들어섰다. 왕래가 좀 조용하게 되었
다. 나는 Y의 말이 과연 사실인가, 실없는 풍자나 조롱을 잘하는 Y의
말이라 혹은 나에게 대한 일종의 우의를 품은 농담이 아닌가 하는 제
버릇의 신경과민적 해석을 하며 따라오다가,

　"선생은 원래 무엇을 하던 사람인구?"

하며 Y에게 물었다.

　"별로 자세히는 모르지만…… 보통 학교 훈도라던가! A군도 아마 배
　웠다지?"

　"웅! 일본말도 제법 하는데…… 이전에는 그래도 미남자였었는데. 하
　하하……."

　A의 말끝에 Y도 웃으며,

　"미남자이었든 추남자이었든 하여간 금년 봄에 한 서너 달 감옥에 들
　어갔다가 나온 뒤에 이상하여졌다는데…… 자세한 이유는 몰
　라……."

　"처자는 있나?"

　"예, 계집은 친정에 가서 있다기도 하고 놀아났다기도 하나 그 역시
　자세한 것은 몰라요."

라고 A가 대답을 하였다.

　"Y군, 그 계집이 어느 놈의 유혹으로 팔리어서 돌아다니다가 그 유
　곽에 굴러들어와 있다면 어떨까?"

　나는 잠자코 있다가 말을 걸었다.

　"흥…… 그리고 매일 찾아가서 미친 체를 부리면……."

　Y는 대꾸를 하였다.

　새 거리를 빠져 황엽이 되어 가는 잡초에 싸인 벌판 중턱에 나와서

남북으로 통한 길을 북으로 꼽들어 유정을 바라볼 때는 십여 간통이나 떨어져 보이는 유곽 이층에서는 벌써 전등 불빛이 반짝거리며 흘러나왔다.

"응! 저기 보이는군……."

A가 마주 보이는 나직한 산록에 외따로 우뚝 선 참외 원두막 같은 것을 가리켜 주는 대로 희끄무레한 것이 그 위에서 움질움질하는 것을 바라보며 우리는 발길을 재촉하였다.

십여 보쯤 가다가 나는,

"이것이 유곽이야?"

하며 좌편을 가리켰다. 방금 전기가 들어온 헌등*이 일자로 총총 들어박힌 사이로 목욕탕에서 돌아오는 얼굴만 하얀 괴물들이 화장품을 담은 대야를 들고 쓸쓸한 골짜기를 이리저리 돌아다니는 것이 부화*하다 함보다 도리어 처량히 보였다.

"선생이 여기 덕도 꽤 보지…… 강연 한 번에 술 한 병씩 주는 곳은 그래도 여기밖에 없어……."

A는 웃으면서 설명하였다.

삼층집 꼭대기에 퍼더버리고 앉아서 희미한 햇발이 점점 멀어 가는 산등성이를 일없이 바라보고 있던 주인은 우리들이 우중우중 올라오는 것을 힐끔 돌아보더니 별안간에 돌아앉아서 무엇인지 똑딱똑딱 두드리고 있다. 우리는 싸리로 드문드문 얽어맨 울타리 앞에서 들어갈 곳을 찾느라고 이리저리 주저하다가 그대로 넘어서서 성큼성큼 들어갔다.

앞서 들어간 A는 주인이 돌아앉은 삼층 위에다 손을 걸어 잡고 들여다보며,

"선생님! 또 왔습니다."

---

* 헌등(軒燈) 처마에 다는 등.
* 부화(浮華) 실속은 없이 겉만 화려함.

라고 인사를 하였다.

"선생님! 안녕하십니까."

A는 소리를 내어 웃으며 잼처* 인사를 하였다. 그러나 그는 여전히 농장 문짝에 못을 박고 있었다. A와 Y는 동시에 H와 나를 돌아보고 눈짓을 하며 소리 없이 웃었다.

"······신기가 그저 불편하신가요? 오늘은 꼭 강연을 들으러 왔는데요."

이번에는 Y가 수작을 건넸다. 그제야 그는 깜짝 놀란 듯이 먼지가 뿌옇게 앉은 더벅머리를 휙 돌이키며,

"예? 왔소?"

간단히 대답을 하고 여전히 돌아앉아서 장도리를 들었다. 세 사람은 일시에 깔깔 웃었다. 그러나 귀밑부터 귀얄 같은 수염이 까맣게 덮인 주먹만한 하얀 상을 힐끗 볼 제 나는 앗! 하며 깜짝 놀랐다. 감전된 것 같이 가슴이 선뜩하며 심한 전율이 전신을 압도하였다. 그리고 그 다음 순간에는 다소 안심된 가슴에 이상한 의혹과 맹렬한 호기심이 일시에 물밀듯하였다. 중학교 실험실의 박물 선생이 따라온 줄로만 안 것이었다. 그러나 아무 이유 없이 무의식하게 경건한 혹은 숭엄한 느낌이 머리 뒤를 떼미는 것 같아서 나는 무심중간*에 모자를 벗고 인사를 하였다. 여러 사람들이 흥흥 하며 웃는 것을 볼 때 나는 미안하기도 하고, 무슨 큰 불경한 일이나 하는 것 같아서 도리어 괘씸한 듯이도 보이고 혹은 이 사람이 심사가 나서 곧 뛰어내려와 폭행이나 하지 않을까 하는 염려도 생겼다.

"선생님! 정말 신기가 불편하신 모양이외다그려!"

A는 갑갑증이 나서 또 말을 붙였다.

---

* 잼처 다시, 거듭.
* 무심중간 무심코.

"서울서 일부러 손님이 오셨는데 강연을 하시구려. 하……."

때 묻은 옷가지며 빨래 보퉁이 같은 것이 꾸역꾸역 나오는 것을 꾹꾹 눌러 데밀면서 고친 문짝을 열었다 닫았다 하며 앉았던 주인은 서울 손님이란 말에 귀가 띄었는지 우리를 향하여 돌아앉으며 입을 벌렸다.

"예…… 감기도 좀 들었소이다."

하고 영채 없는 뿌연 눈으로 나를 유심히 똑바로 내려다보다가,

"……보시듯이 이렇게 역사를 벌여 놓고……."

한 번 방을 휘익 둘러다본 후 또다시 나에게로 시선을 주며,

"요사이 같아서는 눈코 뜰 새도 없쇠다. 더군다나 연일 강연에 목이 꽉 쇠서……."

말을 맺고 H를 돌아다보았다.

그러나 별로 목이 쉰 것 같지는 않았다. Y가 H와 나를 소개하니까,

"예…… 그러신가요? 서울서 멀리 오셨소이다그래."

반가운 듯이,

"나는 남포 사는 김창억이외다."

하며 인사하는 그의 얼굴에는 약간 미소까지 나타났다.

"예…… 나는 ×××올시다."

나는 정중히 답례를 하였다. H도 인사를 마쳤다.

"선생님! 그 용하시외다그래…… 이름도 아니 잊으시고…… 하하하."

H가 놀렸다. 창억은 거기에는 대꾸도 아니하고 나를 향하여,

"좀 올라오시소그래. 아직 역사가 끝이 안 나서 응접실도 없쇠다마는……."

하며 올라오라고 재삼 권하다가,

"게다가 차차 스토브도 들여 놓고 손님이 오시면 좀 들어앉아서 술잔이나 나누도록 하여야 하겠지마는……."

어긋 매인 선반 같은 소위 이층간을 가리키며 천연덕스럽게 인사치레를 하였다.

세 사람은 깔깔 소리를 내어 웃었다. 그러나 자기의 말에 조금도 부자연한 과장이 없다고 생각한 그는 웃는 것이 도리어 이상하다는 듯이 힘없는 시선으로 물끄러미 웃는 사람을 내려다보다가 '힝' 하고 코웃음을 치고 외면을 하였다. 나는 이 사람이 미쳤다고 하여야 좋을지 모든 것을 대오*하고 모든 것에서 해탈한 대철인이라고 하여야 좋을지 몰랐다.

"너무 황송하여 올라가진 못하겠습니다마는 어떻게 강연이나 좀 하시구려."

하며 이번에는 H가 놀렸다.

"글쎄, 모처럼 오셨는데 술도 한잔 없어서 미안하외다."

그는 딴전을 부렸다. 처음 만나는 사람을 보고 술 이야기만 꺼내는 것이 이상하였다.

"여기 온 손님들은 모두 하느님 아들이기 때문에 술은 아니 먹는답니다."

늘 웃으며 대화를 듣고 섰던 Y가 입을 열었다.

"예? 형공도 예수 믿습니까?"

그는 놀란 듯이 나를 마주 건너보다가 히히히 웃으며,

"예수꾼도 무식한 놈만 모였나 봅디다. 예수꾼들 기도할 때에 하나님 아버지시어! 나의 죄를 구하소서, 아맹…… 하지 않소?…… 그러나 '아맹' 이란 무엇이오. 맹자 같은 만고의 웅변가더러 '버버리' 라고 아맹이라 하니 그런 무식한 말이 아 어디 있단 말이오? 나를…… 나의 죄를 사하여 달라고 할 지경이면 아면*이라고 해야 옳지 않습니까."

---

* 대오(大悟) 똑똑히 이해하고 크게 깨달음.
* 아면(我免) 나의 잘못을 용서해 달라는 뜻.

강연의 서론을 꺼낸 그가 득의만면하여 히히 웃는데 따라서 둘러섰던 사람들도 웃었다. 그러나 나는 그가 비상한 공상가라는 것을 직각한 외에, 웃는지 어쩐지 알 수가 없었다.

여럿이 따라서 웃는 것을 보고 더욱 신이 나서 강연을 계속하였다.

"그러나 하느님은 참 지공무사*하시외다. 나를…… 이삼 층집을 단 서른닷 냥으로 꼭 한 달 열사흘 만에 짓게 하신 것이외다…… 하느님의 은택이외다. 서양놈들이 아무리 문명을 했느니 기계가 발달되었느니 하지만 그래 단 서른닷 냥에 삼층집을 지은 놈이 어디 있습니까…… 날마다 하느님이 와 보시고 칭찬을 하십니다."

"칭찬을 하시니까 지공무사한 것 같지요."

H가 한 마디 새치기를 하였다.

"천만에, 이것이 모두 하느님 분부가 있어서 된 것이외다…… 인제는 불의 심판이 끝나고 세계가 일대 가정을 이룰 시기가 되었으니 동서친목회를 조직하라고 하신 고로 우선 이 사무소를 짓고 내가 회장이 되었으나 각국의 분쟁을 순찰할 감독관이 없어서 큰일이 났소이다."

일동은 와 웃었다.

"여기 X군이 어떨까요?"

Y는 나의 어깨를 탁 치며 얼른 추천을 하였다.

"글쎄, 해 주신다면 고맙지만……."

세 사람은,

"야…… 동서친목회 감독 각하!"

하며 한층 더 소리를 높여 웃었다.

아닌게아니라 첨아*에 줄레줄레 매달은 멍석 조각이며 밀감 조각들 사이에 '동서친목회 본부'라고 굵직하게 쓰고 그 옆에 '회장 김창억'이

---

* 지공무사(至公無私) 지극히 공평하여 사사로움이 없음.
* 첨아 처마.

라고 쓴 궐련상자 껍질 같은 마분지 조각이 모로 매달려 있다. 나는 모자를 벗어 든 채 양수거지를 하고 서서 그 마분지를 쳐다보던 눈을 돌이켜서 동서친목회 회장에게로 향하여,

"회의 취지는 무엇인가요?"

하고 물었다.

"아까 말씀한 것같이 성경에 가르치신 바 불의 심판이 끝나지 않았습니까. 구주대전의 그 참혹한 포연탄우가 즉 불의 심판이외다그래. 그러나 이번 전쟁이 왜 일어났나요…… 이 세상은 물질만능, 금전만능의 시대라 인의예지도 없고, 오륜도 없고, 애도 없는 것은 이 물질 때문에 사람의 마음이 욕에 더럽혀진 까닭이 아닙니까. 부자, 형제가 서로 반목질시하고 부부가 불화하며 이웃과 이웃이, 한 마을과 마을이…… 그리하여 한 나라와 나라가 서로 다투는 것은 결국 물욕에 사

람의 마음이 가리웠기 때문이 아니오니까. 그리하여 약육강식의 대원칙에 따라 세계 만국이 간과*로써 서로 대하게 된 것이 즉 구주대전이외다그래. 그러나 인제는 불의 심판도 다아 끝났다, 동서가 친목할 시대가 돌아왔다고 하신 하느님의 말씀대로 나는 신종*합니다. 그리기 때문에 하느님의 계시대로 세계 각국으로 돌아다니며 정찰을 하여야 하겠쇠다…… 나도 여기에는 오래 아니 있겠쇠다. 좀더 연구하여 가지고…… 영미법덕*으로 돌아다니며 천하명승도 구경하고 설교도 해야 하겠쇠다.”

말을 맺고 그는 꿇어앉아서 선반 위를 부스럭부스럭하더니 먹다가 꺼 둔 궐련 토막을 찾아내서 물고 도로 앉는다.

“선생님 그러면 금강산에는 언제 들어가실 텐가요?”

A가 놀렸다.

“한번 다아 돌아다닌 후에 들어가야지.”

“그러면 나는 어떻게 합니까. 그 때까지 어떻게 기다릴 수가 있습니까.”

“응?”

그는 눈을 똥그렇게 뜨고 A를 바라보았다.

“아, 선생님 망령이 나셨나 보구려. 금강산에 들어가시면 군수나 하나 시켜 주신다더니…….”

일동은 박장대소를 하였다.

“응! 가기 전에 시켜 주지!”

그가 하는 말에는 조금도 농담이 없었다. 유창하게 연설 구조로 열변을 토할 때는 의심할 여지없는 어떠한 신념을 가진 것같이 보였다.

---

* 간과(干戈)  방패와 창, 즉 전투에 쓰는 기구의 총칭.
* 신종(信從)  믿고 따름.
* 영미법덕(英美法德)  영국, 미국, 프랑스, 독일.

"그러나 금강산에 옥좌는 벌써 되었나요?"

Y는 웃으며 물었다.

"예, 이 집이 낙성되던 날 벌써 꾸며 놓았답니다."

하고 여러 사람의 웃음이 끝나기를 기다려서,

"성 중에 김씨가 제일 좋은 성이외다. 옥은 곤강에서 나지만도 금은 여수에서 나지 않습니까. 그러기 때문에 하느님께서 말씀이, 너는 김가니 산고수려*한 금강산에 들어가서 옥좌에 올라앉아 세계의 평화를 누리게 하라고 하십디다……."

하고 잠자코 가만히 섰는 나의 동정을 얻으려는 듯이 미소를 띠고 바라본다.

"대단히 좋소이다…… 그러나 이 삼층집은 무슨 생각으로 지셨나요?"

나는 이같이 물었다.

"연전 여름 방학에 서울에 올라가서 중등 학교에 일어 강습을 하러 다닐 때에 서양 사람의 집을 보니까 위생에도 좋고 사람 사는 것 같기에 우리 조선 사람도 팔자 좋게 못 사는 법이 어디 있겠소? 기왕이면 삼층쯤 높직이 지어 볼까 해서…… 우리가 그놈들만 못할 것이 무엇이오. 나도 교회에 좀 다녀 보았지만 그놈들처럼 무식하고 아첨 좋아하는 놈은 없습디다. 헷, 그 중에서도 목사인지 하는 것들 한창 때에 대원군이나 뫼신 듯이 서양놈들이 입다 남은 양복 조각들을 떨쳐입고 그 더러운 놈들 밑에서 굽실굽실하며 돌아다니는 것을 보면 이 주먹으로 대구리를……."

하며 새까만 거칫한 주먹을 쳐들었다. 그 때의 그의 눈에는 이상한 광채가 돌고 얼굴은 경련적으로 부르르 떨리면서 뒤틀리었다. 나는 무심

---

* 산고수려(山高水麗) 산은 높고 물이 곱고 아름다움.

히 쳐다보다가 깜짝 놀랐다.

"그러나 날은 점점 추워 오고…… 어떻게 하실 작정인가요?"

나는 화제를 이같이 돌렸다.

"춥긴요, 하느님 품속은 사시 봄이야요…… 그러나 예다가 스토브를 놓지요."

하고 이층을 가리켰다.

"그래 스토브는 어디 주문하셨소?"

누구인지 곁에서 말참견을 하였다.

"주문은 무슨 주문……."

대단히 불쾌한 듯이 한 마디 하고,

"스토브는 서양놈들만 만들 줄 알고 나는 못 만든답디까…… 그놈들이 하루에 하는 일이면 나는 한 반나절이면 만들 수 있소이다. 이 집이 며칠이나 걸린 줄 아슈? 단 한 달하고 열사흘! 서양놈들은 십삼이란 수가 흉하답디다마는 나는 양옥을 지으면서도 꼭 한 달 열사흘에 지었쇠다."

"동으로 가래도 서로만 갔으면 고만 아니오."

H가 말대꾸를 하였다.

"글쎄 말이오. 서양놈들이야말로 동으로 가라면 서로만 달아나는 빙퉁그러진 놈뿐이외다. 조선이 있고 조선글이 있어도 한문이나 서양놈들의 혀꼬부라진 말을 해야 사람의 구실을 하는 쌍놈의 세상이 아닙니까."

한 마디 한 마디씩 나의 동의를 얻으려는 것처럼 나를 똑바로 내려다보며 잠깐씩 말을 멈추다가 나중에는 열중한 변사처럼 쉴새없이 퍼붓는다.

"네 그렇지 않습니까. 네…… 그것도 바로 읽을 줄이나 알았으면 좋겠지만, 가령 천지현황 하면 하늘천 이렇게 읽으니 일대(一大)라 써

놓고 왜 '하날 대' 하지 않습니까. 창공은 우주간에 유일 최대하기 때문에 창힐*이 같은 위인이 일대라고 쓴 것이 아니외니까. 또 '흙야' 할 것을 '따지' 하는 것도 안 될 것이외다. 따란 무엇이외니까? 흙이 아니오? 그러기에 흙토 변에 언재호야라는 천자문의 맨 끝 자인 이끼야 자를 쓴 것이외다그려. 다시 말하면 따는 흙이요, 또 우주간에 최말위에 처한 고로 흙토 자에 천자문의 최말자 되는 이끼야 자를 쓴 것이외다."

우리들은 신기하게 듣고 섰다가,

"그러면 쇠금 자는 어떻게 되었길래 김가를 그렇게 하느님께서 그처럼 사랑하시나요?"

하고 Y가 물었다.

"옳은 말씀이외다. 네, 참 잘 물으셨소이다……."

깜빡했더라면 잊었을 것을 일깨워 주어서 고맙고도 반갑다는 듯이 득의만면하여 그 일사천리의 구변으로 강연을 계속한다.

"사람 인 안에 구슬 옥(玉)을 하고 한편에 점 한 개를 박지 않았소. 하므로 쇠금이 아니라 사람 구슬금…… 이렇게 읽어야 할 것이외다."

일동은 킥킥킥 웃었다.

"아니외다. 웃을 것이 아니외다…… 사람 구실을 하려면 성현의 가르치신 것같이 첫째에 인(仁)하여야 하지 않쇠니까. 하므로 사람인 하는 것이외다그려. 그 다음에는 구슬이 두 개가 있어야 사람이지, 두 다리를 이렇게(人—손가락으로 쓰는 흉내를 내며) 벌리고 선 사이에 딱 있어야 할 것이 없으면 도저히 사람 값에 가지 못할 것이외다, 고자는 그것이 없어도 사람이라 하실지 모르나 그러기에 사람 구실을 못하지 않습니까. 히히히…… 그는 하여간 그 두 개가, 즉 사람을 사람

---

* 창힐(蒼詰) 중국 고대 황제 때의 신하. 눈이 넷이며, 새와 짐승의 발자국을 본떠 글자를 만들었다고 함.

값에 가게 하는 보배가 아닙니까? 그런 고로 보배에 제일 가는 구슬 옥 자에 한 점을 더 박은 게 아니외니까……."

한 마디 한 마디마다 허리가 부러지게 웃던 A는,

"그래서 금강산에 옥좌를 만들었습니다그려…… 하하하."

하며 또 웃었다.

"그러면 여인네는 김가가 없구만요?"

이번에는 H가 놀렸다. 그는 무엇을 생각하는 것처럼 눈만 멀뚱멀뚱하며 앉았다가 별안간에,

"옳지! 옳지! 그래서 내 댁내는 안가로군…… 응! 히히히. 여편네가 관을 썼어…… 여인네가 관을 썼어*…… 히히 히히히."

잠꼬대하는 사람처럼 이 사람 저 사람 쳐다보며 고개를 끄덕거리고 나서는 히히히 웃기를 두세 번이나 뇌었다.

"참, 아씨는 어디 가셨나요?"

나는 '내 댁내가 안가라고' 하는 그의 말에 문득 그의 처자의 소식을 물어 보려는 호기심이 나서 이같이 물었다.

"예? 못 보셨소? 여보, 여보, 영희 어머니! 영희 어머니!"

몸을 꼬고 엎드려서 아래를 내려다보며 부르다가,

"또 나갔나?"

혼자말처럼 하며 바로 앉더니,

"아마 저기 갔나 보외다."

하고 유곽을 가리켰다.

"또 난봉이 난 게로군…… 하하하, 큰일났소이다. 비끄러매 두지 않으면……."

A가 말을 가로채서 놀렸다.

---

* 여인네가 관을 쓰다 '안(安)' 자의 갓머리 변과 계집 녀(女)를 두고 한 파자(한자의 글자 획을 합치거나 분리함)놀이.

"히히히, 저기가 본대 제 집이라오."

"저긴 유곽이 아니오?"

H도 웃으며 물었다.

"여인네가 관을 썼으니까. ……하하하."

이번에는 Y가 입을 열었다.

그는 무슨 생각이 났던지 고개를 비스듬히 숙이고 앉았다가,

"예, 그 안에 있어요. 그 안에. 오 년이나 나하고 사는 동안에도 역시 그 안에 있었어요. 히 히히 히히."

"…… 그 안에…… 그 안에!"

나는 아까 그의 처가 도주를 하였다는 소문도 있다고 하던 A의 말을 생각하며 속으로 뇌어 보았다.

"좀 불러오시구려."

"인제 밤에 와요. 잘 때에……."

"그거 옳은 말이외다…… 잘 때밖에 쓸데없지요. 하하하."

H가 농담을 붙이는 것을 나는 미안히 생각하였다.

"히히히. 그러나 너무 뜨거워서 죽을 지경이랍디다. 어제는 문지기에게 죽도록 단련을 받고 울며 왔기에 불을 피우고 침대에서 재워 보냈습니다…… 히히히."

무슨 환상을 쫓듯이 먼 산을 바라보며 누런 이를 내놓고 히히히 웃는 그의 얼굴은 원숭이같이 비열하게 보였다.

산등에서 점점 멀어 가던 햇발은 부지중 소리 없이 날아가고 유곽 이층에 마주 보이는 전등 불빛만 따뜻하게 비치었다

홍소, 흰담, 조롱 속에서 급격히 피로를 느낀 그는 어슬어슬하여 오는 으슥한 산밑을 헤매는 쌀쌀한 가을 저녁 바람과 음산하고 직믹한 임흑이 검은 이빨을 악물고 휙휙 한숨을 쉬며 덤벼들어 물고 흔드는 삼층 위에 썩은 밤송이 같은 뿌연 머리를 움켜쥐고 곁에 누가 있는 것도 잊

은 듯이 기둥에 기대어 앉았다.

"인젠 가 볼까."

하는 소리가 누구의 입에선가 힘없이 나왔다.

동서친목회 회장, 세계평화론자, 기이한 운명의 순난자, 몽현의 세계에서 상상과 환영의 감주에 취한 성신의 총아, 오욕육구, 칠난팔고에서 해탈하고 부세의 제연을 저버린 불타의 성도와, 조소에 더러운 입술로 우리는 작별의 인사를 바꾸고 울타리 밖으로 나왔다.

울타리 밑까지 나왔던 나는 다시 돌쳐서서 그에게로 향하였다. 이층에서 뛰어내려오는 그와 마주칠 때 그는 내 손에 위스키병이 있는 것을 보고 히히 웃었다. 나는 Y의 집에서 남겨 가지고 나온 술병을 그의 손에 쥐어 준 후 빨간 능금 두 개를 포켓에서 꺼내 주었다.

"이것 참 미안하외다."

그는 만족한 듯이 웃으며 받아서 이층 벽에 기대어 가로세운 병풍 곁에 늘어놓고 따라나와 인사를 하였다.

가련한 동무를 이별하고 나온 나는 무겁고 울적한 기분에 잠기어서 입을 다물고 구두코를 내려다보며 무심히 걸었다. 역시 잠자코 앞서가던 Y는 잠깐 멈칫하고 돌아다보며,

"X군! 어때?"

"글쎄……."

"……그러나 모자를 벗어들고 공손히 강연을 듣고 섰는 군의 모양은 지금 생각을 해도 요절을 하겠어…… 하하하."

"흐흥……."

나는 힘없이 웃었다.

저녁 가을 바람은 산듯산듯 목에 닿는 칼라 속을 핥고 달아났다. 일행이 삼거리에 와서 A와 떨어질 때는 이삼 간 떨어진 사람의 얼굴이 얼쑹얼쑹 보였다.

시시각각으로 솔솔 내려앉는 땅거미에 싸인 황야에, 유곽에서 가늘고 길게 흘러나오는 샤미센* 소리, 탁하고 넓게 퍼지는 장구 소리는 혹은 급하게, 혹은 느리게 퍼지어서 정거장으로 걸음을 재촉하는 우리의 발뒤꿈치를 어느 때까지 쫓아왔다.

컴컴하고 쓸쓸한 북망 밑 찬바람에 불리며 사지를 오그리고 드러누운 삼층집 주인공은 저 장구 소리를 천당의 왈츠로 듣는지, 지옥의 아비규환으로 깨닫는지, 나는 정거장 문에 들어설 때까지 흘금흘금 돌아다보아야 오직 유곡의 요화* 같은 유곽의 전등불이 암흑 가운데에 반짝거릴 뿐이었다.

5

평양행 열차에 오를 때에는 일단 헤어졌던 A도 다시 일행과 합동되었다.

커다란 트렁크를 무거운 듯이 두 손으로 떠받쳐서 선반에 얹고 나서 목이 막힐 듯한 한숨을 휘이 쉬며 앉는 A를 Y는 웃으며 건너다보고,

"인젠 영원한가?"

"응! 영원히. 하하하."

A는 간단히 말을 끊고 호젓해 하는 듯한 미소를 띠었다.

"그러나 평양이 세계의 끝일지도 모르지……. 핫하하."

"하하하."

A도 숙였던 고개를 쳐들며 힘없이 웃었다.

"왜 어디 가시나요?"

A와 마주앉은 나는 물었다.

---

\* 샤미센(三味線) 일본식의 현악기.
\* 요화(妖火) 요괴가 흐르는 불빛.

"글쎄요, 남으로 향할지 북으로 달릴지 모르겠소이다."

A는 말을 맺고 머리를 창에 기대며 눈을 감았다.

"……A군은 오늘 부친께 선언을 하고 영원히 나섰다는 게라오."

Y가 설명을 하였다.

"하하하, 그것 부럽소이다그려. 영원히 나섰다는…… 그것이 부럽소이다."

나는 이같이 한 마디 하고 A를 쳐다보았다. 고개를 들고 눈을 뜬 A는 바로 앉으며 빙긋 웃을 뿐이었다.

우리는 엽서를 꺼내 들고 서울에다가 편지를 썼다. 나는 P에게 대하여 이렇게 썼다.

　　무엇이라고 썼으면 지금 나의 이 심정을 가장 천명히 형에게 전할 수 있을까! 큰 경이가 있은 뒤에는 큰 공포와 큰 침통과 큰 애수가 있다 할 지경이면 지금 나의 조자*를 잃은 심장의 간헐적 고동은 반드시 그것이 아니면 아닐 것이오 —— 인생의 진실된 일면을 추켜들고 거침없이 육박하여 올 때 전령을 에워싸는 것은 경악의 전율이요, 그리고 한없는 고민이요, 샘솟는 연민의 눈물이요, 가슴이 저린 애수요……그 다음에 남는 것은 미치게 기쁜 통쾌요…… 삼 원 오십 전으로 삼층집을 짓고 유유자적하는 실신자를 —— 아니오, 아니오, 자유민을 이 눈앞에 놓고 볼 제 나는 놀라지 않을 수가 없었소. 현대의 모든 병적 다크 사이드를 기름 가마에 몰아 놓고 전축*하여 최후에 가마 밑에 졸아붙은 오뇌의 환약이 바지직바지직 타는 것 같기도 하고, 우리의 욕구를 홀로 구현한 승리자 같기도 하여 보입디다…… 나는 암만 하여도 남의 일같이 생각할 수 없습디다.

* **조자**(調子)　일정한 리듬.
* **전축**(煎縮)　달이고 졸여서 응축함.

나는 엽서 한 장에다가 깨알같이 써서 Y에게 보라고 주고, 다른 엽서에 다시 계속하였다.

P군! 지금 아무리 자세히 쓴다 하기로 충분한 설명은 못하겠기로 후일에 맡기지마는 그러나 이것만은 추측하여 주시오…… 지금 나는 얼마나 소리 없는 눈물을 정거한 화차의 연통같이 가다가다 뛰노는 심장 밑으로 흘리며 앉았는가를…… 지금 나는 울고 있소. 심장을 압축할 만한 엄숙하고 경건한 사실에 하도 놀라고 슬퍼서…… 지금 나는 울고 있소. 모든 세포 세포가 환희와 오뇌 사이에서 뛰놀다가 기절할 만큼 기뻐서…….

6

북국의 철인, 남포의 광인 김창억은 아직 남포 해안에 증기선의 검은 구름이 보이지 않던 삼십여 년 전에 당시 굴지하는 객주 김건화의 집 안방에서 고고의 첫소리를 울리었다. 그의 부친은 소시부터 몸에 녹이 슨 주색잡기를 숨이 넘어갈 때까지 놓지를 못한 서도에 소문난 외도객. 남편보다 네 살이나 위인 모친은 그가 십사 세 되던 해에 죽은 누이와 단 남매를 생산한 후에는 남에게 말 못할 수심과 지병으로 일생을 마친 박복한 여성이었다. 이러한 속에서 자라난 그는 잔열포류*의 약질일망정 칠팔 세부터 신동이라 들으리만큼 영리하였다. 영업과 화류 이외에는 가정이라는 것을 모르는 그의 부친도 의외에 자식이 총명한 것은 기뻐할 줄 알았다. 더구나 자기의 무식함을 한탄하니만큼 자식의 교육은 투전장 다음쯤으로 생각하였다. 그 덕에 창억이도 남만큼 한학을 마

---

* 잔열포류(孱劣蒲柳) 몸이 튼튼하지 못하고 갯버들처럼 아주 약함.

친 후 십육 세 되던 해에 경성에 올라가서 한성고등사범학교에 입학하게 되었다.

그러나 삼 년급 되던 해 봄에, 부친이 장중풍으로 졸사했기 때문에 유학을 단념하고 내려오지 않으면 아니되었다. 그 때 숙부의 손으로 재산 정리를 하고 보니까 남은 것이라고는 몇 두락의 전답하고 들어 있는 집 한 채뿐이었다. 유산이 있어도 선고*의 유업을 계속할 수 없는 창억은 연래의 지병으로 나날이 수척하여 가는 모친과 일 년 열두 달 말 한 마디 건네 보지 않는 가속을 데리고 절망에 싸여 쓸쓸한 큰집 속에 들엎드렸을 수밖에 없었다. 그러나 모친도 그 해 겨울을 넘기지 못하였다. 전 생명의 중심으로 믿고 살아가려던 모친을 잃은 그에게는 아직 어린 생각에도 자살 이외에는 아무 희망도 없었다.

백부의 지휘대로 집을 팔고 줄여 간 뒤로는 조석 이외에 자기 아내와 대면도 않고 종일 서재에 들엎드렸었다. 조석 상식에 어린 부부가 대성통곡을 하는 것은 차마 눈으로 볼 수 없었으나 그 설움은 각각 의미가 달랐다. 그것이 창억으로 하여금 더욱 불쾌하고 애통하게 하였다. 이 세상에는 자기와 같은 설움을 가지고 울어 줄 사람은 없구나! 이런 생각이 날 때마다 오 년 전에 십오 세를 일기로 하고 간 누이 생각이 새삼스럽게 간절한 동시에 자기 처가 상식마다 따라 우는 것이 미워서 혼자 지내겠다고까지 한 일이 있다. 독서와 애곡…… 이것이 삼 년 전의 그의 한결같은 일과이었다.

그러나 부친의 삼년상을 마치던 해에 소학교가 비로소 설시*되어 유지자*의 강청으로 교편을 들게 된 뒤로부터는 다소 위안도 얻고 기력도 회복되었으며, 가속에 대한 정의도 좀 나아졌다. 그러나 동시에 주연의

---

* 선고(先考)  돌아가신 아버지.
* 설시(設施)  학교 등 기관을 세움.
* 유지자(有志者)  좋은 일에 뜻을 가진 사람.

맛을 알기 시작하였다. 처음에는 의사의 주의로 반주를 얼굴을 찌푸려 가며 먹던 사람이 점점 양이 늘어 갈 뿐 아니라, 학교 동료와 추축이 잦아 갈수록 자기 부친의 청년 시대를 생각하게 되었다. 그러나 그의 처는 내심으로 도리어 환영하였다.

그 이듬해에 식구가 하나 더 는 뒤부터는 가정다운 기분도 들게 되었다. 이와 같이 하여 책과 눈물이 인제는 책과 술잔으로 변하였다. 그 동시에 그의 책상 위에는 신구약전서 대신에 동경 어떠한 대학의 정경과 강의록이 놓이게 되었다.

그러나 기이한 운명은 창억의 일신을 용서치는 않았다. 처참한 검은 그림자는 어느 때까지 쫓아다니며 약한 그에게 휴식을 주지 않았다.

자기가 가르치던 이 년생이 졸업하려던 해에 그의 아내는 겨우 젖떨어질 만하게 된 것을 두고 시부모의 뒤를 따라갔다. 부모를 잃었을 때 같지는 않았으나 자기 신세에 대한 비탄은 한층 더하였다. 어미 없는 계집자식을 끼고 어쩔 줄 몰라 방황하였다. 친척들은 재취를 얻어 맡기려고 무수히 권하였으나 종내 듣지 않았다. 오직 술과 방랑만이 자기의 생명이라고 생각한 그는 마침내 서재에서 뛰어나왔다…… 학교의 졸업식을 마친 후 그는 표연히 유랑의 몸이 되었다. 그러나 멀리는 못 갔다. 반 년쯤 되어 훌쩍 돌아와서 못 알아볼 만큼 초췌한 몸을 역시 서재에 던졌다. 그리하여 수삭쯤 지나 건강이 다시 회복된 후 권하는 대로 다시 가정을 이루었다. 이번에는 나이도 자기보다 어리거니와 금실도 좋았다.

그러나 애처의 강렬한 사랑은 힘에 겨워서 충분한 만족을 줄 수가 없었다. 혈색 좋은 큼직하고 둥근 상에서 디굴디굴 구는 쌍꺼풀 눈썹 밑의 안광은 곱고 귀여우면서도 부시기도 하며 밉기도 하며 무서워서 바로 볼 수가 없었다. 그는 될 수 있는 대로 피하였다.

이 같은 중에 재미있는 유쾌한 오륙 년간은 무사히 지냈다. 소학교는 제10회 창립기념식을 거행하고 그는 십 년 근속 축하를 받게 되었다.

그러나 운명은 역시 그의 호운을 시기하였다. 내월이면 명예로운 축하를 받게 되는 이 때에 그는 불의의 사건으로 철창에 매달리어 신음치 않으면 아니 되게 되었다…… 앞서거니 뒤서거니 하며 그의 일생을 통하여 노려보며 앉았는 비운은 그가 사 개월 만에 무죄 방면되어 사바에 발을 들여 놓을 때까지 하품을 하며 기다리고 있었다.

사 개월간의 옥중 생활은 잔약한 그의 신경을 바늘 끝같이 예민하게 하였다. 그는 파리하고 하얗게 센 얼굴을 들고 감옥 지붕의 이슬이 아

직 녹지 않은 새벽 아침에 옥문을 나섰다. 차입하던 집으로 찾아오리라고 생각하였던 자기 처는 그림자도 보이지 않고 육십이 가까운 백부만 왔다.

출옥하기 일삭 전까지는 일이 있어도 하루가 멀다고 매일 면회하러 오던 아내가 근 일 개월 동안이나 발을 끊은 고로 의심이 없지 않았으나 가끔 백부가 올 때마다 영희가 앓아서 몸을 빼쳐나지 못한다기로 염려와 의혹 속에서도 다소 안심하고 있었다. 그러나 출옥하던 전날 면회하러 오던 인편에 갑갑증이 나서 내일은 꼭 맞으러 와 달라고 한 것이라서 뜻밖에 보이지 않는 고로 더욱 의심이 날 뿐 아니라 거의 낙심이되었다. 백부에게 물어 볼까 하다가 이것이 자기의 신경과민이 아닌가 하는 생각도 나서 갑갑한 마음을 참고 집으로 발길을 재촉하였다. 도중에서 일부러 길을 돌아 백부의 집으로 가자는 데에도 의심이 나지 않는 것은 아니나 잠자코 따라갔다.

대문에 발을 들여 놓자,

"아 아버지!"

하며 영희가 앞선 백부와 바꾸어 뛰어나오는 것을 보고 깜짝 놀랐다.

"너 탈이 났다더니 언제 일어났니?"

영희의 어깨에 손을 걸며 눈이 휘둥그레서 숨이 찬 듯이 물었다.

"예? 누가 탈은 무슨 탈이 났댔나요?"

하고 영희는 멈칫하며 돌아다보았다.

"어머니는……?"

그는 자기가 추측하며 무서워하던 사실이 점점 명백하여 오는 것을 깨달으며 소리를 낮춰서 물었다.

"어머니 어디 갔어……."

그에게 대한 이 한 마디가 억만 진리보다 더 명백하였다. 그 동시에 자기의 귀가 의심쩍었다.

온 식구가 다 뛰어나오며 웃음 속에서 맞으나 그는 얼빠진 사람처럼 인사도 변변히 하지 못하고 맥없이 얼굴이 새파래서 뜰 한가운데에 섰다가,

"인제 가 보지요…… 영희야!"

하며 그대로 뛰쳐나오려 했다.

뜰 아래에 여기저기 섰던 사람들은 그가 얼빠진 사람처럼 뚱그런 눈만 무섭게 뜨고 이 사람 저 사람을 쳐다보며 주저주저하는 것을 보고 아무도 입을 벌리지 못하고 피차에 물끄러미 눈치만 보다가,

"아, 아침이나 먹고 천천히……."

숙모가 끌어당기듯이 만류하였다.

"아니오. 왜 영희 어미는…… 어디 갔어요?"

그는 입이 뻣뻣하여 말을 어우를 수 없는 것처럼 떠듬떠듬 겨우 입을 열었다.

"으응…… 일전에 평양에…… 어쨌든 올라오려무나."

평양이라는 것은 처가를 말하는 것이다. 그러나 숙부가 말을 더듬는 것이 우선 이상히 보였다. 더구나 '어쨌든' 이란 말은 웬 소리인가. 평시 같으면 귓가로 들을 말도 일일이 유심히 들리었다.

"흐흥…… 평양! 흐흥…… 평양!"

실성한 사람처럼 흐흥흐흥 코웃음을 치며 평양을 뇌고 섰는 그의 눈 앞에는 금년 정초에 평양 정거장 문 밖 우체통 뒤에서 누구하고인지 수군거리다가 휙 돌쳐서 캄캄한 밤길에 사라져 버리던 양복쟁이의 뒷모양이 환영같이 떠올랐다. 그는 차차 눈이 캄캄하여 오고 귀가 멀어 갔다 …… 절망의 깊은 연못은 점점 깊고 가깝게 패어들어갔다.

그는 빈 집에라도 가서 형편도 보고 혼자 조용히 드러누워서 정신을 가다듬을까 하였으나 현기가 나서 금시로 졸도할 듯하여 권하는 대로 올라가서 안방으로 들어가 픽 쓰러졌다.

피로, 앙분, 분노, 낙심, 비탄, 미가지의 운명에 대한 공포, 불안……
인간의 고통이란 고통은 노도와 같이 일시에 치밀어와서 껍질만 남은
그를 삶아 죽이려는 듯이 덤벼들었다. 옴폭 팬 눈을 감고 벽을 향하여
드러누운 그의 조막만한 얼굴은 납으로 만든 데드 마스크와 같았다. 죽
은 듯이 숨소리도 들리지 않으나, 격렬한 심장의 동계*와 가다가다 부
르르 떠는 근육의 마비는 위에 덮어 준 주의 위로도 분명히 보였다.

한 시간쯤 되어 깨었다. 잔 듯 만 듯한 불쾌한 기분으로 일어나 밥상
을 받았다. 무엇이 입에 들어가는지 정신을 차릴 수가 없었다. 그 속에
들어앉았을 때에는 나가면 이것도 먹어 보리라 저것도 하여 보리라고
벼르고 별렀으나 이렇게 되고 보니까 차라리 삼사 년 후에 나오는 것이
좋았겠다고 생각하였다. 밥술을 뜨자마자 그는 허둥지둥 뛰어나왔다.

"아버지!"
하며 쫓아나오는 영희를 험상스러운 눈으로 노려보며 들어가라고 턱짓
을 하고 나섰다. 머리를 비슷이 숙이고 동구까지 기어나오다가 돌쳐설
때 숙부의 손에 매달려 나오는 딸을 힐끗 보고 별안간 눈물이 앞을 가
리며 낳은 어미 없이 길러 낸 딸자식이 불쌍히 생각되어 금시로 돌쳐가
서 손을 잡고 오고 싶은 생각이 불쑥 나는 것을 억제하고 '야아 야아'
하며 부르는 백부의 소리도 못 들은 체하고 앞서서 왔다.

……범죄자의 누명을 쓰고 처자까지 잃은 이 내 신세일망정 십여 년
이나 정을 들이고 살던 사 개월 전의 내 집조차 나를 배반하고 고리에
쇠를 비스듬히 차고 있는 것을 볼 때 그는 그대로 매달려서 울고 싶었다.

백부는 숨이 찬 듯이 씨근씨근하며 쫓아와서,
"열대가 예 있다."
하며 자기 손으로 열고 들어갔으나 그는 어느 때까지 우두커니 섰다.

---

* 동계(動悸)  심장의 고동이 보통 때보다 심하여 가슴이 두근거리는 일.

일 개월 이상이나 손이 가지 않은 마당은 이삿짐을 나른 뒤 모양으로 새끼 부스러기, 종이 조각들이 즐비한 사이에 초하의 잡초가 수체 앞이며 담 밑에 푸릇푸릇하였다. 그의 숙부도 역시 그럴 줄이야 몰랐다는 듯이 깜짝 놀라며 한번 휙 돌아보고 나서 신을 신은 채 툇마루에 올라섰다. 먼지가 뽀얗게 앉은 퇴 위에는 고양이 발자국이 여기저기 산국화 송이같이 박혀 있다. 뒤로 쫓아들어온 그는 뜰 한가운데에 서서 덧문을 첩첩이 닫은 대청을 멀거니 바라보고 섰다가 자기 서재로 쓰던 아랫방으로 들어가서 먼지 앉은 요 위에 엎드러지듯이 벌떡 드러누웠다.

"할아버지……여기……농이!"

안방으로 들어온 영희는 깜짝 놀라며 큰소리를 쳤다.

"옛?"

하며 어름어름하던 숙부는 서창 덧문을 열어 젖히고 안방을 자세히 살펴 보더니 농장이 없어진 것을 보고 혀를 두세 번 차고 나서,

"망할년의 새끼…… 어느 틈에 집어갔노……."

하며 밖으로 나왔다.

아닌게아니라 창억이가 첫장가 들 때 서울서 사다가 십칠팔 년 동안이나 놓아 두었던 화류농장 두 짝이 없어졌다.

백부가 간 뒤에 일꾼 아이와 계집애년이 와서 대강대강 소제를 한 후 저녁밥은 먹기 싫다는 것을 건네왔다. 그 이튿날도 꼼짝 아니 하고 들어앉았었다.

백부의 주선으로 소년과부로 오십이나 넘은 고모가 안방을 점령하기까지 오륙 일 동아우 한 발짝도 방문 밖에 나오지 않았다 백부가 보제*를 복용하라고 돈푼 든 약첩을 지어다가 조석으로 달여다 놓아도 끝끝내 손도 대지 않았다. 하루 이삼 차씩 백부가 동정을 살피러 와서 유리

---

* 보제(補劑) 보약.

구멍으로 들여다보면 앉았다가도 별안간 돌아누워서 자는 체도 하고 우리 간에 든 곰 모양으로 빈 방 안을 빙빙 돌아다니다가 누가 들여다보는 기척만 있으면 책상을 향하여 앉기도 하였다. 아침에 세수할 때와 간혹 변소 출입 이외에는 더운 줄도 모르는지 창문을 꼭꼭 닫고 큰기침 소리 한 번 없이 들어앉았었다.

그가 속에서 무엇을 하고 있는가는 아무도 몰랐다. 사실 그는 아무것도 하는 것이 없었다. 가다가다 몇 해 동안이나 손도 대어 보지 않던 성경책을 꺼내 놓고 들여다보기도 하였으나 결코 한 페이지를 계속하여 보는 법이 없었다.

이러한 모양으로 일삭쯤 지내더니 매일 아침에 한 번씩 세수하러 나오던 것도 폐하고 방으로 갖다 주는 조석만 먹으면 자는지 깨어서 누웠는지 하여간 목침을 베고 드러눕기로만 위주하였다. 백부는 병세가 더 위중하여 그렇다고 약을 먹이지 못하여 달래도 보고 꾸짖어도 보았으나 약은 기어코 입에 대지 않았다. 그러나 노인은 하루 삼사 차씩은 궐하지 않고 와서 방문도 열어 보고 위무하듯이 말도 붙여 보나 벙어리처럼 가만히 돌아앉았다가 어서 가 달라고 걸인이나 쫓아 내듯이 언제든지 창문을 후다닥 닫았다.

하루는 전과 같이 저녁때쯤 되어 가만가만 들어와서 유리구멍으로 들여다보려니까 방 한가운데에 눈을 감고 드러누웠다가 무엇에 놀란 듯이 깎아세운 기둥처럼 눈을 부릅뜨고 벌떡 일어나더니 창에다 대고,

"이놈의 새끼! 내 댁내를 차고 인제는 나까지 죽이러 왔니?"

두 주먹을 불끈 쥐고 소리를 버럭 질렀으나 감히 창문을 열지 못하고 얼어붙은 장승같이 섰다. 백부는 기가 막혀서 미닫이를 열며,

"이거 와 이러니!"

하고 소리를 질렀다. 문만 열면 곧 때려죽이겠다는 듯이 딱 버티고 섰던 사람이 금시로 껄껄 웃으며,

"나는……누구라고! 삼촌 올라오시소그래."

하고 이번에는 안방에다 대고,

"여보, 영희 오마니! 삼촌이 왔는데 술 좀 받아오시소그래."

하고 나서 경련적으로 켕기어 네 귀가 나는 입을 벌리고 히히히 웃었다. 그의 백부는 한참 쳐다보다가,

"야, 어서 자거라. 잠이 아직 깨이지 못한 게로구나…… 술은 이따 먹지, 어서 어서."

"그런데, 여보소 삼촌! 영희 오마니는 지금 어데 갔소? 술 받으러? 히히히…… 아하, 어젯밤에도 왔어! 그 사진을 살라 달라고…… 그…… 어디 있던가?"

하며 고개를 쳐들고 방 안을 휙 둘러보다가 무슨 생각이 났던지 별안간에 책상 앞으로 가서 꿇어앉으며 무엇인지 부리나케 찾는다. 노인은 뒷모양을 한참 들여다보다가 방문을 굳게 닫고 안방으로 들어갔다. 그 뒤 방에서는 히히히 웃는 소리가 흘러나왔다. 그의 손에는 두 조각이 난 사진이 있었다.

그 이튿날 아침에 그는 무슨 생각이 났던지 어느 틈에 방을 뛰어나와서 부엌을 들여다보고 요사이는 왜 세수물도 아니 주느냐고 볼멘소리를 하며 대야를 내밀고 물을 청하였다. 밥솥에 불을 때고 앉았던 고모가 깜짝 놀라 돌아다보니까 근 반년이나 면도를 아니한 수염에는 먼지가 뿌옇게 앉았고 솟은 듯한 붉은 눈찌에는 이상한 영채가 돌면서도 무시무시하게 보였다. 고모는 무서운 증이 나서 아니 나오는 웃음을 띠고 달래듯이 온유한 목소리로,

"예예. 잘못하였쇠다. 처음 시집살이라 거행이 늦었쇠다. 히히히……."

웃으며 물을 퍼 주었다. 아침상을 차려다 디밀며 차차 좋아지는 듯한 신기를 위로 삼아 무엇이든지 먹고 싶은 것이 있으면 말하라고 하니까,

"영희 오마니나 뭐든지 해 주시소."

하며 의논할 것이 있으니 들어오라고 강청을 하였다. 고모는 주저주저
하다가 오늘은 맑은 정신이 난 듯하여 안심하고 방을 치워 줄 겸 걸레
를 집어들고 들어갔다. 책상 위와 방구석을 엎드려서 훔치며,

"무슨 의논이야?"

하며 말을 꺼냈다.

"……어젯밤에 영희 오마니가 왔더랬는데, 오늘 낮에는 아주 짐을 지
워 가지고 오겠다고……."

"무어? 지금은 어드메 있기에?"

고모는 역시 제정신이 아니 들어서 저러나 보다 하면서도 한편으로
는 의아하여 눈이 휘둥그레지며 걸레 잡은 손을 멈추고 고개를 들었다.

"……지금? 히히히, 연옥*에서 매일 단련을 받는데 도망하여 올 터
이니 전죄를 용서하고 집에 두어 달라고 합디다."

단테*의 '신곡'에서 본 것이 생각나서 연옥이란 말을 썼으나 고모는
물론 무슨 소리인지 몰랐다. 다만 옥이라는 말에 대개 지옥이라는 말인
줄 짐작하고 하도 어이가 없어서,

"냉면이나 한 그릇 받아다 주지……."

하고 나오다가 아침에 세수하던 것을 생각하고 혼자 빙긋 웃었다.

날이 더워 갈수록 그의 병세는 나날이 더하여 갔다. 팔월 중순이 지
나 심한 더위가 다 가고 뜰에 심은 백일홍이 누릇누릇하여 감을 따라
그에게는 없던 증이 또 생겼다. 축대 밑에 나오려던 풀이 폭열에 못 이
기어서 비틀어져 버리던 육칠월 삼복에는 겨우 동창으로 바람을 들이
면서 불같이 끓는 방 속에 문을 봉하고 있던 사람이 무슨 생각이 났던

---

* **연옥(煉獄)** 죽은 자가 바로 천국에 들어가지 못할 때, 그 영혼이 불로 정
  화된다고 하는 곳. 천당과 지옥 사이에 있다 한다.
* **단테(Alighieri Dante)** 이탈리아의 시인, 문학 이론가. 작품에는 최대
  의 걸작으로 꼽히는 종교적 서사시인 〈신곡〉이 있음(1265~1321).

단테

지 매일 아침만 먹으면 의관도 아니하고 뛰어나가기를 시작하였다. 무슨 짓을 하며 어디로 돌아다니는지 아무도 몰랐다. 대개는 어슬어슬하여 돌아오거나 혹은 자정이 넘어서 돌아올 때도 있었다. 그러나 별로 곤한 빛도 없었다. 안방에서 혹 변소에 가는 길에 들여다보면 그믐달 빛이 건넌방 지붕 끝에서 꼬리를 감추려 할 때에도 빈 방 속에 생불*처럼 가만히 앉았었다.

　너무 심하여서 삼촌이 며칠을 두고 찾으러 다녀 보아도 종적을 알 수가 없었다. 집에서 나갈 때에 누가 뒤를 밟으려고 쫓아나가는 기색만 있어도 도로 들어와서 어떻게 하여서든지 틈을 타서 몰래 빠져 달아났다. 그러나 그는 별로 다른 데를 다니는 것은 아니었다. 다만 자기 집에서 동북으로 향하여 일 마장*쯤 떨어져 있는 유곽 뒤에 둘러싸인 조그마한 뫼 위에 종일 드러누웠을 뿐이었다. 무슨 까닭에 그 곳이 좋은지는 자기도 몰랐다. 하여간 수풀 위에서 디굴디굴 구는 것이 자기 방속보다 상쾌하다고 생각하였다. 아침에 햇발이 두텁지 않은 동안에 잠깐 드러누웠다가 오정 전후의 폭양에는 해안가로 방황한 후 다시 돌아와서 석양판에 가만히 누웠는 것이 얼마나 재미스러웠는지 몰랐다. 그것도 처음에는 동네 아이들이 덤벼들어서 괴로워 못 견디었으나. 일주, 이 주 지나갈수록 자기의 신경을 침략하는 자도 점점 없어졌다. 그러나 김모가 미쳤다는 소문은 전 시에 모르는 사람이 없게 되었다. 그가 매일 어디 가 있다는 것은 삼촌의 귀에 제일 먼저 들어왔다.

　그 후부터는 매일 감시를 엄중하게 하여 나가지를 못하게 하였다. 그는 하는 수 없이 이삼 일 동안을 근신한 태도로 칩복*지 않을 수 없었다. 그러나 사오 일 동안 신용을 보여서 감시가 좀 누그러져 가는 기미

---

* 생불(生佛)　살아 있는 부처.
* 마장　거리를 셈하는 단위. 일 마장은 대략 1km쯤.
* 칩복(蟄伏)　자기 처소에 들어가 엎드려 있음.

를 채인 그는 또다시 방문 밖으로 나섰다. 이번에는 땅으로 꺼져들어간 듯이 감쪽같이 종적을 감추었다.

7

반 달 동안을 두고 찾다 못하여 경찰서에 수색원을 제출한 지 사흘되던 날 밤중에 연통 속으로 기어나온 것처럼 대가리부터 발끝까지 새까만 탈을 하고 훌쩍 돌아와서 불문곡직하고 자기 방으로 들어가 코를 골며 잤다. 이튿날 아침에는 조반을 걸신들린 사람처럼 그릇마다 핥듯이하여 다 먹고 삼촌이 건너오기 전에 또 뛰어나갔다. 삼사 시간 뒤에 쫓아간 그의 백부는 유정 유곽 산 뒤에서 용이히 그를 발견하였다.

그가 처음 감시의 비상선을 끊고 나올 때는 맑은 정신이 들어서 그리하였는지, 하여간 자기의 고향을 영원히 이별할 작정으로 나섰었다. 우선 시가를 떠나 촌리로 나와서 별장 이전의 상지를 복*하려고 이 산 저 산으로 헤매었다. 가가호호로 돌아다니며 연명을 하여 가며 오륙 일 만에 평양 부근까지 갔었다. 그러나 평양이 가까와 오는 데에 정신이 난 그는 무슨 생각이 났던지 뒤도 돌아보지 않고 남포로 향하였다. 그 중에 다소 마음에 드는 곳이 없지는 않았으나 무엇보다도 불만족한 것은 바다가 보이지 않는 것이었다. 그는 하는 수 없이 자기 서재로 자기를 위하여 영원히 안도하라고 하느님이 택정하신 바 유정 뒷산 밑으로 기어든 것이었다.

인간에게 허락된 이외의 감각을 하나 더 가지고 인간의 침입을 허락지 않는 유수미려한 신비의 세계에 들어갈 초대장을 가진 하느님의 총아 김창억은 침식 이외에는 인간계와 모든 연락을 끊고 매일 같은 꿈을

* 복(卜) 점쳐서 찾음.

반복하며 대지 위에 자유롭게 드러누워서 무애무변*한 창공을 쳐다보며 대자연의 거룩함과 하느님의 은총 많음을 홀로 찬양하고 있었다.

이러한 상태가 달포나 되어 시월 하순이 가까워 초상*이 누른 풀잎 끝에 엷게 맺힐 때가 되었다.

하루는 어두워서야 들어오리라고 생각한 그가 의외에 점심때도 채 아니되어서 꼭 닫은 중문을 소리 없이 열고 자취를 감추며 들어와서 자기 방으로 들어갔다. 안방에서 일을 하고 있던 고모는 도둑이나 아닌가 하며 두근거리는 가슴을 억제하고 문틈으로 지키고 앉았으려니까, 한 식경이나 무엇인지 부스럭부스럭하더니 금침인 듯한 보따리를 들고 나온다. 가슴이 덜렁하던 고모는 문을 박차며 내다보고,

"그건 어디로 가져가니?"

소리를 버럭 질렀다. 도망꾼처럼 한숨에 뛰어나가려던 그는 보따리를 진 채 어색한 듯이 히히히 웃으면서,

"새집 들레…… 히히히, 영희 어머니를 데려오려고 저기 한 채 지었어……."

또 히히히 웃고 휙 돌아서 나갔다. 고모는 삼촌집에 곧 기별을 하려도 마침 아이가 없어서 걱정만 하고 앉았었다. 조금 있다가 또 발소리가 살금살금 난다. 이번에도 안방으로 향하여 어정어정 들어오더니 부엌간으로 들어가서 시렁 위에 얹어 놓은 병풍을 끌어내려다가 아랫방 앞에 놓고 퇴로 올라서서,

"아지먼네, 그 농 좀 갖다 놓게 좀 주시소고래."

하고 성큼 뛰어들어와서 윗간에 놓았던 붉은 장농짝을 버쩍 들고 나갔다. 다행히 영희의 계모가 갈 때에 그의 의복이며 빨래들을 모아서 농장 속에 넣어 두었기 때문에 고모는 걱정을 하면서도 안심하였다. 낙지*

---

* 무애무변(無涯無邊) 끝과 한이 없음.
* 초상(初霜) 첫서리.

이래로 이때껏 빗자루 한번 들어 보지 못하던 그가 그 무거운 농짝에다가 병풍을 껴서 새끼로 비끄러매어 가지고 나가는 것을 방문에 기대어 보고 섰던 고모는 입을 딱 벌리고 놀랐다.

기지이전에 실패한 그는 유정에 돌아와서 일이 주간이나 언덕에 드러누워 여러 가지로 생각하였다. 답답한 방을 면하려면 우선 여기다가 집을 한 채 지어야 하는데 단층으로는 좁기도 하거니와 제일 바다가 보이지 않을 것이다.

"……그러면 이층? 삼층? 삼층만하면 예서도 보이겠지!"
하고 일어나서 발돋움을 하고 남쪽을 바라보았다. 그러나 인가에 가리어서 사오 정이나 상거가 있는 해면이 보일 까닭이 없다.

"삼층이면 그래도 내 키의 삼사 배나 될 터이니까…… 되겠지."
하며 곁에 떨어진 나뭇가지를 들고 차차 햇발이 멀어 가는 산비탈에 앉아서 건축의 설계도를 그리기 시작하였다. 누렇게 된 잔디 위에 정처없이 이리저리 줄을 쓱쓱 그으면서 가다가다 혼자 고개를 끄떡끄떡하며 해가 저물어 가는 것도 모르고 앉았었다.

그 날 밤에 돌아와서는 책궤 속에서 학생 시대에 쓰던 때문은 양척과 사기가 물러난 삼각정규*를 꺼내 가지고 동이 트도록 책상머리에 앉았었다.

도안을 얻은 그는 동이 트기도 전에 산으로 달아났다. 우선 기지의 검분을 마친 후 그는 그길로 돌을 주워들이기 시작하였다. 반나절쯤 걸리어서 두세 삼태기나 모아 놓은 후, 허기진 줄도 모르고 제일 가까운 유곽 속으로 헤매이며 새끼오라기, 멍석조각이며 장작개비, 비루(맥주) 궤짝, 깨진 사기그릇 나부랭이…… 손에 걸리는 대로 모아들이기 시작하였다. 돌아다니는 동안에 유곽 속에서 먹다 남은 청요리 부스러기를

---

* 낙지(落地)  세상에 태어남.
* 삼각정규(三角定規)  '삼각자'의 옛날 용어.

좀 얻어먹었으나 해질 무렵쯤 되어서는 맥이 풀려서 하는 수 없이 엉기 어들어와 저녁을 먹고 곧 자빠졌다.

그 이튿날은 건축장에 나가는 길에 헛간에 들어가서 괭이를 몰래 집어 숨겨 가지고 도망하여 나왔다. 오전에 우선 한 간통쯤 터를 닦아서 다져 놓고 산을 내려와 물을 얻어다가 흙을 이겨 놓고 오후부터는 담을 쌓기 시작하였다. 그러나 한 모퉁이에서부터 쌓아 나와 기역자로 구부릴 때에 비로소 기둥이 없는 데에 생각이 나서 일을 중지하고 산등에 올라앉아서 이 궁리 저 궁리 하여 보았다. 자기 집에는 물론 없지마는 삼촌 집에 가면 서까래 같은 것이라도 서너 개 있을 터이나 꺼낼 계책이 없었다. 지금의 그로서 무엇보다도 제일 기외*하는 것은 자기의 계획이 완성되기 전에 가족의 눈에 띄거나 탄로되는 것인 동시에 이것을 계획하는 것, 더욱이 이 계획을 절대 비밀리에 완성하는 것이 유일의 재미요, 자랑거리이며 또한 생명이었다. 만일 이 때에 누가 와서 '너의 계획은 이러저러하고 너의 포부는 약차약차히 고대하나 가엾은 일이지만 그것은 한 꿈에 불과하다.'고 설파하는 사람이 있다 하면 그는 경악 실망한 나머지 자살을 하거나 살인을 하였을지도 모를 것이다.

　"어떻게 하였으면 아무도 모르게, 아무도 모르는 동안에 하루바삐 이 신식 삼층 양옥을 지어서 세상 사람들을 놀래 보일까!"

　침식을 잊고 주소*로 노심초사하는 것이 오직 이것이었다. 그는 삼촌집의 재목을 가져올 궁리를 하였다.

　'밤에나 새벽에 가서 집어와……? 그것도 아니 될 것이다. 그러면 어느 재목상에나 가서? 응응, 옳지 옳지!'

하며 그는 흙 묻은 손을 비벼 털며 뛰어내려와서 정거장으로 향하여 달아나왔다.

---

* 기외(忌畏)　꺼리고 두려워함.
* 주소(晝宵)　밤낮.

그는 '재목상에나!' 라는 생각이 날 제 십여 년 전에 자기가 가르치던 A라는 청년이 재목상을 경영하고 있는 것을 생각하고 뛰어나온 것이었다. 삼거리로 갈리는 데 와서 잠깐 멈칫하다가 서로 구부려뜨려서 또다시 뛰었다. 'K재목상회' 라는 기단 간판이 달린 목책*으로 둘러막은 문전에 다다라 우뚝 서며 안을 들여다보고 멈칫거리다가 문 안으로 썩 들어섰다. 그는 무엇이나 도둑질하러 온 사람처럼 황황히 사방을 돌아보다가 사무실에서 누가 내다보는 것을 눈치채고 곧 그리로 향하였다.

"재목 있소?"

발을 들여놓으며 한 마디 부르짖었다.

"그런데 이게 웬일이오? 재목 집에 재목이야 있지요. 하하하……."

테이블 앞에 앉아서 사무원들과 잡담을 하고 있던 주인은 바로 앉아서 그를 마주 쳐다보며 웃었다.

그는 얼이 빠진 사람처럼 이 사람 저 사람 사무원들을 차례차례로 쳐다보다가 마치 취한이나 광인이 스스러운 사람과 대할 때에 특별한 주의와 긴장을 가지는 거와 같이 뿌연 눈을 똑바로 뜨고 서서 한 마디 한 마디씩 애를 써 분명한 어조로,

"아니 좀 자질구레한 기둥 있거든 몇 개 주시소그래, 지금 집을 짓다가……."

"그건 해 무엇하시랴오? 그러나 돈을 가져오셔야지요…… 하하하."

사소한 대금을 관계하는 것은 아니나 그가 광증이 있다는 소문을 들은 주인은 그대로 내주는 것이 어떨까 하여 물어 보았다.

"응응! 옳지! 돈이 있어야지. 응응! 돈이 있어야지……."

돈이란 말에 비로소 깨달은 듯이 연해 고개를 끄덕거리며 멀거니 섰다가 아무 말도 없이 도로 뛰어나갔다. 처음부터 서로 눈짓을 하며 빙

---

* 목책(木柵)  나무로 높이 설치한 울타리.

굿빙긋 웃고 앉았던 사무원들은 참았던 웃음을 왓하하하 하며 웃었다. 그는 눈을 부릅뜨고 유리창을 흘겨다보며 급히 달아나왔다.

그 길로 자기 집으로 뛰어갔다. 방에 쑥 들어서면서 흙이 말라서 뒤발을 한 손으로 책상 위에 놓인 물건을 뒤적거리며 한참 찾더니 돈지갑을 들고서 선 채 열어 보았다. 속에는 일 원짜리 지폐가 석 장하고 은전 백동전 합하여 구십여 전쯤 들어 있었다. 옥중에서 차입하여 쓰고 남은 것이었다. 그는 혼자 히이 웃으며 지갑을 단단히 닫아서 바지춤에다 넣고 다시 뜰로 내려섰다. 대문을 막 나서렬 때 삼촌과 마주쳤다. 그는 마치 못된 장난을 하다가 어른에게 들킨 어린아이처럼 깜짝 놀라며 꽁무니를 슬슬 빼며 급히 방 안으로 뛰어들어가서는 자는 체하고 드러누워 버렸다. 그 날 밤에는 종내 나가지 못하게 되었다.

이튿날 아침에는 우선 재목상을 찾아갔다.

마침 나와 앉았던 주인은 아무 말 없이 들어와서 훔척훔척*하다가 삼 원 오십 전을 꺼내 놓고 '얼마든지 좀 주시소그래.' 하고 벙벙히 섰는 그의 태도를 한참 쳐다보다가,

"얼마나 드리리까?"

하며 웃었다.

"기둥 여섯 개하고……."

"기둥 여섯 개만 하여도 본전도 안 됩니다."

주인은 하하 웃으며 그의 말을 자르고 사무원을 돌아다보고 무엇이라고 하였다. 그는 사무원을 따라나가서 서까래만한 기둥 여섯 개와 널빤지 두 개를 얻어서 짊어지고 나섰다. 재목을 얻은 그는 생기가 더 나서 우선 네 귀에 기둥을 세우고 두 편만은 중간에다 마주 대하여 두 개를 세운 뒤에 삼등분하여 새끼로 두 층을 돌려매어 놓고 담을 쌓기 시

---

*훔척훔척  보이지 않는 데 있는 것을 찾으려고 계속 더듬어 뒤지는 모양.

작하였다. 담 쌓기는 쉬우나 돌멩이 모아들이기에 날짜가 많이 걸렸다. 약 삼 주간이나 되어 동편으로 드나들 구멍을 터 놓고는 사방으로 삼사 척의 벽을 쌓았다. 우선 하층은 되었는 고로 널빤지를 절반하여 한편에 기대어서 걸쳐 놓고 나머지 길이를 이등분하여 어긋매어서 삼층을 꾸렸다. 그 다음에는 이층만 사면에 멍석조각을 둘러막고 삼층은 그대로 두었다. 이것도 물론 그의 설계에 한 조목 든 것이었다. 그의 이상으로 말하면 지붕까지라도 없어야 할 것이지만 우로*를 피하기 위하여 부득이 역시 멍석을 이어서 덮었다.

이같이 하여 이렁저렁 일 개월 이상이나 걸린 역사는 대강대강 끝이 나서 우선 손을 떼던 날 석양에, 그는 삼층 위에 올라앉아서 저물어 가는 산경치를 내다보고 혼자 기꺼움을 이기지 못하였다. 인생의 모든 행복이 일시에 모여든 것 같았다. 금시에라도 이사를 하려다가 집에 들어가면 또 잡히어서 나오지 못할 것을 생각하고 어둡기까지 그대로 드러누웠었다. 드러누워서도 여러 가지 생각이 많았다. 우선 세계평화 유지 사업으로 회를 하나 조직하여야 할 터인데…….

"회명은 무어라고 할까? 국제연맹이란 것은 있으니까 국제평화협회? 세계평화회? 그것도 아니되었어, 동서양이 제일에 친목하여야 할 것인즉 '동서친목회' 라 하지! 옳지! 동서친목회…… 되었어."

그 다음에 그는 삼층 양옥을 어떻게 하면 거처에 편리하게 방세를 정할까 생각하였다. 우선 급한 것은 응접실이다. 그 다음에는 사무실, 침실, 식당, 서재…… 차례차례로 서양 사람 집 본새를 생각하여 가며 속으로 정하여 놓고 어슬어슬한 때에 뛰어내려왔다. 일단 집으로 향하였다가 무슨 생각이 났는지 다시 돌쳐서서 유곽으로 들어갔다. 헌등 아래로 슬금슬금 기어가듯 하며 이 집 저 집 기웃기웃하다가 어떤 상점 앞

---

* **우로**(雨露) 비와 이슬.

에 와서 서더니 저고리고름 끝에 매인 매듭을 힘을 들여서 풀고 섰다.
한 사람 두 사람 모여드는 것도 모르는 것같이 시치미를 떼고 풀더니
은전 네 닢을 꺼내서 던지고 일본주 이 홉 병을 받았다. 낙성연*을 베풀
려는 작정이었다.

　공복에 들어간 두 홉 술의 힘은 강렬하였다. 유정의 사람 자취가 그
칠 때까지 이 집 저 집 돌아다니며 동서친목회 회장이 너희들을 감독하
려고 내일이면 떠나오신다고 도지개를 틀며* 앉았는 여회원들을 웃기
며 비틀거리고 돌아다닌 것도 그 날 밤이었다.

---

＊낙성연(洛成宴)　집을 다 짓고 축하의 뜻으로 벌이는 잔치.
＊도지개를 틀다　얌전히 앉아 있지 못하고 이리저리 꼬며 움직이다.

## 8

세간을 나르느라고 중문 대문을 훨씬 열어 젖혀 놓은 것을 지치려고 뒤를 쫓아나간 고모는 이맛살을 찌푸리고 그의 가는 방향을 한참 건너다보다가 긴 한숨을 쉬고 들어와서 큰집에 갈 영희만 기다리고 앉았으려니까 십오 분쯤 되어 삐—걱 하는 소리가 나더니 또 들어와서 이번에는 부엌으로 들어가서 한참 동안 훔척훔척하다가 석유통으로 만든 화덕 위의 냄비를 들고 나왔다. 그 속에는 사기그릇이며 수저 나부랭이를 손에 잡히는 대로 듬뿍 넣었다. 그는 안에서 무엇이라고 소리나 칠까 보아서 연상 힐끗힐끗 돌아다보며 뺑소니를 쳐서 나왔다…… 십수 년 동안 기거하던 자기 집을 영원히 이별하였다.

그 날 석양에 고모는 영희를 데리고 동네 사람이 가르쳐 주는 대로 그의 신가정을 찾아갔다. 고모에게 대하여는 가장 불행하고 비통한 집안이었다. 엿과 성냥 대신에 저녁밥을 싸 가지고 갔었다. 물론 가자고 하여야 다시 집에 돌아올 그가 아니었다. 영희가 울면서 가자고 하니까 그는 무슨 정신이 났던지 측은하여 하는 듯한 슬픈 안색으로 목소리를 떨며,

"어서 가거라. 어서 가거라…… 아아 춥겠다. 눈이 저렇게 왔는데 어서 가거라."

혼자말처럼 꼭 한 마디 하고 아랫간에 늘어놓은 부엌 세간을 정돈하며 있었다.

고모는 하는 수 없이 돌아와서 남았던 시량*과 찬을 그에게로 보내 주고 나서 어둑어둑할 때 문을 잠그고 영희와 같이 큰집으로 건너갔다. 근 보름이나 앓아 누운 그의 백부는 눈물을 흘리며 깊은 한숨만 쉬고 아무 말도 없었다.

---

＊ 시량(柴糧)  땔나무와 먹을 양식.

……소년과부로 오십이 넘은 그의 고모는 건넌방에 영희를 끼고 누워서 밤이 이슥하도록 훌쩍거렸다. 영희의 흘흘 느끼는 소리도 간간이 안방에까지 들렸다.

아랫목에 누웠던 영감이,

"여보 마누라, 좀 가 보시구려."

하는 소리에 잠이 들려던 노마님이 건너갔다. 조금 있다가 이 마누라까지 훌쩍훌쩍하며 안방으로 건너왔다. 미선*을 가슴에 대고 반듯이 드러누운 노인의 눈에도 눈물이 글썽글썽하였다.

십칠야의 교교한 가을 달빛은 앞창 유리구멍으로 소리 없이 고요히 흘러들어와서 할머니의 가슴에 안기어 누운 영희의 젖은 베개 밑을 들여다보고 있었다.


9


평양으로 나온 우리 일행은 그 이튿날 아침에 남북으로 뿔뿔이 헤어졌다. 그 후 이 개월쯤 되어 나는 백설이 애애*한 북국 어떠한 한촌 진흙방 속에서 이러한 Y의 편지를 받았다.


형식에 빠진 모든 것은 우리에게 있어 벌써 아무 의미도 없는 것이 아니오? 어느 때든지 자기의 생활에 새로운 그림자(그것은 보다 더 선한 것이거나 혹은 보다 더 악한 것이거나 하여간)가 비쳐 올 때나 혹은 잠든 나의 영이 뛰놀 만한 무슨 위대한 힘이 강렬히 자극하여 오거나 그렇지 않으면 군에게 무엇이든지 기별하고 싶은 사건이 있기 전에는 같은 공기 속에서 같은 타임 속에서 동면 상태로 거우 서식하는

---

* 미선(尾扇)  새털로 만든 부채.
* 애애  (서리나 눈이 내려) 일대가 모두 흼.

지금의 나로는 절하고 대적으로 누구에게든지 또는 무엇에든지 붓을 들지 않으려고 결심하였소. 자기의 침체한 처분, 꿈꾸는 감정을 아무리 과장한들 그것이 결국 무엇이오…….

그러나 지금 펜을 들어 이 페이퍼를 더럽히는 것이 현재의 내가 무슨 새로운 의의를 발견하고 혹은 새로운 공기를 호흡하게 된 까닭은 아니오. 다만 내가 오래간만에 집을 방문하였다는 것과 그외에 군이 어떠한 호기심을 가지고 심방하였던 삼 원 오십 전에 삼층 양옥을 건축한 철인의 철저한 예술적 또한 신비적 최후를 군에게 알리려는 까닭이오.

여기까지 읽은 나는 깜짝 놀랐다. 손에 들었던 편지를 책상 위에 놓고 바로 앉아서 한 자 한 자 세듯이 하여 가며 계속하여 보았다.

……사실은 지극히 간단하나, 이 소식은 군에게 비상한 만족을 줄 줄로 믿소. 하느님이 천사를 보내시어 꾸며 놓으신 옥좌에 올라앉아서 자기의 이상을 실현치 않으면 아니될 시기라고 생각한 그는 신의 로써 만든 삼 원 오십 전짜리 궁전을 이 오탁*에 싸인 속계에 두고 가기 어려웠을 것이오. 신의 물은 신에게 돌리리라. 처치하기 어려운 삼층집을 맡길 곳이 신 이외에 없었을 것도 괴이치 않은 것이겠소. 유곽 뒤에 지어 놓았던 원두막 한 채가 간밤 바람에 실화하여 먼지가 되어 날아간 뒤에 집주인은 종적을 감추었다……라고 하면 사실은 지극히 간단할 것이요. 그러나 불은 왜 놓았나?

나는 이하를 더 읽을 기운이 없다는 것같이 가만히 지면을 내려다보고 앉아 있었다. 의외의 사실에 대한 큰 경이도 아니려니와 예측한 사실이

---

* 오탁(汚濁) 세상의 더러움. 더럽고 흐림.

실현됨에 대한 만족의 정도 아닌 일종의 형용할 수 없는 감정이 다대한 호기심과 기대에 긴장하였던 마음을 일시에 느즈러지게 한 상태였다. 나는 또다시 읽기 시작하였다.

추위에 못 견디어서……라고 세상 사람들은 웃고 말 것이오. 그리고 군더러 말하라면 예의 현실 폭로라는 넉 자로 설명할 것이오. 그러나 그가 삼층집에서 내려와 자기 집 서재로 들어가기 전에는 불을 놓았다고도 못할 것이오. 또 현실 폭로의 비애를 감하여 그리하였다 하면 방화까지 할 필요는 없었을 것이오. 신의에 따라서만 살 수 있다는 신념을 확집*한 그는 인제는 금강산으로 들어갈 때가 되었다고 삼층 위에서 뛰어내려온 것이오. 그리고 그 건축물은 신에게 돌린 것이오…….

아아 그 위대한 건물이 홍염의 광란 속에서 구름 탄 선인같이 찬란히 떠오를 제 그의 환희는 어떠하였을까. 그의 입에서는 반드시 할렐루야가 연발되었을 것이오. 그리고 일 편의 시가 흘러나왔을 것이오 —— 마치 네로가 홍염 가운데의 로마 대도를 바라보며 하모니에 맞춰서 시를 읊듯이. 아아, 그는 얼마나 위대한 철인이며 얼마나 행복스러운가…… 반열 반온의 자기를 돌아볼 제 진심으로 자기 자신을 매도치 않을 수 없소…….

10

기뻐하리라고 한 Y의 편지는 오직 잿빛의 납덩어리를 내 가슴에 던져 주었을 따름이었다. 나는 여기저기 골라 가며 또 한 번 읽은 뒤에 편

---

* 확집(確執)  튼튼히 붙들어 잡음.

지장을 책상 위에 펼쳐 놓은 채 드러누웠었다. 음산한 방 속은 무겁고 울적한 나의 가슴을 더욱더욱 질식케 하는 것 같았다. 까닭없이 울고 싶은 증이 나서 가만히 누웠을 수가 없었다…… 나는 뛰어 일어나서 방 밖으로 나섰다.

아침부터 햇발을 조금도 보이지 않던 하늘에는 뽀얀 구름이 건너다 보이는 앞산 위까지 처져서 방금 눈이 퍼부을 것 같았다. 나는 얼어붙은 눈 위를 짚신발로 바삭바삭 소리를 내며 R동 고개로 나서서 항상 소요하던 절벽 위로 향하였다.

사람 하나가 간신히 통행할 만한 길 오른편 언덕에 거무스름하게 썩어서 문정문정하는 짚으로 에워싼 한 칸 집이 있고, 그 아래에는 비스듬하게 짓다가 둔 헛간 같은 것이 있다. 나는 늘 보았건만 그것의 본체가 무엇인지 아직껏 물어도 보지 않았다. 그러나 삼층 양옥의 실화사건의 통지를 받고는 새삼스럽게 눈여겨 보였다. 나는 두세 걸음 지나가다가 다시 돌쳐서서 언덕으로 내려와서 사면팔방을 멍석으로 꼭 틀어막은 괴물 앞에 섰다.

나는 무슨 무서운 물건이나 만지듯이 입구에 드리운 멍석조각을 가만히 쳐들고 컴컴한 속을 들여다보았다. 광선 한 줄기 들어오지 않는 속에서는 쌀쌀한 바람이 휙 끼칠 뿐이요, 아무것도 보이지 않았다. 공연히 마음이 선뜻하여 손에 쥐었던 거적문을 놓으려다가 다시 자세자세히 검사를 하여 보았다. 그러나 무엇인지는 알 수가 없었다…… 기둥 두 개를 나란히 늘어놓은 위에 나무 관 같은 것을 놓고 그 위에는 언젠지 대동강변에서 본 봉황선 대가리 같은 단청한 목판짝이 얹혀 있었다. 나는 보지 못할 것을 본 것같이 께름하여 마른 침을 탁 뱉고 돌아서 동둑 위로 올라왔다. 나는 눈에 묻힌 절벽 위에 와서 고총 앞에 놓인 석대에 걸터앉으려다가 곁에 새로 붉은 흙을 수북이 모아논 것을 보고 외면을 하며 일어나왔다. 이것은 일전에 절골(사동)에선가 귀신이 씌어서 죽었다고 무녀가 온 식전 굿을 하던, 떼도 안 입힌 새 무덤이다.

저녁 밥상을 받고 앉아서 주인더러 등 너머의 일간두옥은 무엇이냐고 물으니까,

"그것이 이 촌에서 천당에 올라가는 정거장이라우."

하고 웃으며 동리에서 조직한 상계*의 소유라고 설명하였다. 이 촌에서 난 사람은 누구나 조만간 그 곳을 거쳐가야만 한다는 묵계가 있다는 그의 말에는 무슨 엄숙한 의미가 있는 것같이 들리었다. 나는 밥을 씹으며 저를 손에 든 채로 그 내력을 설명하는 젊은 주인의 생기 있는 얼굴을 물끄러미 쳐다보고 앉았었다. 그 순간에 나는 인생의 전 국면을 평면적으로 부감*한 것 같은 생각이 머리에 떠오르는 동시에 무거운 공포가 머리를 누르는 것 같았다.

그 날 밤에 나는 아무것도 할 용기가 없어서 몇몇 청년이 몰려와서 떠드는 속에 가만히 드러누웠었다. 어쩐지 공연히 울고 싶었다. 별로 김창억을 측은히 생각하여 그의 운명을 추측하여 보거나 삼층집 소화한 후의 행동을 알려는 호기심은 없었으나 지금쯤은 어디로 돌아다니나 하는 생각이 나는 동시에, 작년 가을에 대동강가에서 잠깐 본 장발객의 하얀 신경질적 얼굴이 머리에 떠올랐다.

과연 그가 그후에 어디로 간 것은 아무도 몰랐다. 더구나 뱀보다도 더 두려워하고 꺼리는 평양에 나와 있으리라고는 아무도 몽상 외였다. 그러나 그는 결국 평양에 왔다. 평양은 그의 후취의 본가가 있는 곳이다.

……일 년 열두 달 열어 보는 일이 없이 꼭 닫힌 보통문 밖에 보금자리 같은 짚더미 속에서 우물우물하기도 하고 혹은 그 앞 보통강가로 돌아다니는 걸인은 오직 대동강가의 장발객과 형제거나 다만 걸인으로 알 뿐이요 동리에서도 누구인지는 아무도 몰랐다.

---

* **상계**(喪契)　상을 치르는 일을 위해 모은 계.
* **부감**(俯瞰)　높은 곳에서 아래를 내려다봄.

# 두 파산

## 1

"어머니, 교장 또 오는군요."

학교가 파한 뒤다. 갑자기 조용해진 상점 앞길을 열어 놓은 유리창 밖으로 내어다보고 등상에 앉았던 정례가 눈살을 찌푸리며 돌아다본다. 그렇지 않아도 돈 걱정에 팔려서 테이블 앞에 멀거니 앉았던 정례 모친도 저절로 양미간이 짜붓하여졌다*. 점방 안에는 학교가 파해 가는 길에 공짜 만화를 보느라고 아이들이 저편 구석 진열대에 옹기종기 몰려섰다가, 교장이라는 말에 귀가 반짝하였는지 조그만 얼굴들을 쳐든다. 그러나 모시 두루마기 자락이 펄럭하며, 우둥퉁한 중늙은이가 단장을 짚고 쑥 들어서는 것을 보고, 학생 아이들은 저희들끼리 눈짓을 하고 킥킥 웃어 보인다. 저희 학교 교장이 온다는 줄 알았던 모양이다.

"어째 이렇게 쓸쓸하우?"

영감은 언제나 오면 하는 버릇으로 상점 안을 휘휘 둘러보며 말을 건

---

* 짜붓하다 눈을 살짝 치뜨다.

넨다.

"어서 옵쇼. 아침 한때와 점심 한나절이 한참 붐비죠. 지금쯤야 다 파해 가지 않았어요."

안주인은 일어나지도 않은 채 무관히 대꾸를 하였다. 교장은 정례가 앉았던 등상을 내어 주니까 대신 걸터앉으며,

"딴은 그렇겠군요. 그래도 팔리는 거야 여전하겠죠?"

하고 눈이 저절로 테이블 위의 손금고로 갔다. 이 역시 올 때마다 늘 캐

어묻는 말이지마는, 또 무슨 딴 까닭이 있어서 붙이는 수작 같아서 정례 어머니는,

"그야 다소 들쭉날쭉이야 있죠마는, 온 요새 같아서는……."

하고 시들히 대답을 하여 준다.

"어쨌든 좌처가 좋으니까……. 하루에 두어 번쯤 바쁘고, 편히 앉아서 네다섯 식구가 뜯어먹고 살면야, 아낙네 소일루 그만 장사가 어디 있을까마는, 그래 그리구두 빚에 쫄리다니 알 수 없는 일이로군."

왜 그런지 이 영감이 싫고 멸시하는 정례는,

'누가 해 달라는 걱정인감!'

하는 생각에 입이 빼쭉하여졌다.

"날마다 쏠쏠히 나가기야 하지만 원체 물건이 자니까 남는 게 변변해야죠."

여주인은 마지못해 늘 하는 수작을 뇌었다. 그러나 오늘은 이 영감이 더 유난히 물건 쌓인 것이며, 진열장에 늘어놓인 것을 눈여겨보는 것이었다. 정례 모녀는 그 뜻을 짐작하겠느니만큼 더욱 불쾌하였다.

여기는 여자 중학교와 초등 학교가 길 건너로 마주 붙은 네거리에서 조금 외진 골목 안이기도 하나, 두 학교를 상대로 하고 벌인 학용품 상점으로는 그야말로 좌처가 좋은 셈이다. 원체는 선술집이었다든가 하는 방 한 칸 달린 이 점방을 작년 봄에 팔천 환 월세로 얻어 가지고 이것을 벌이고 앉을 제, 초등 학교 앞에는 벌써 매점이 있어서 어떨까도 하였으나, 여학교만은 시작하기 전부터 아는 선생을 새에 넣고 선전도 하고 특약하다시피 하였던 관계인지, 이때껏 재미를 보는 편이지, 이 장사속으로만은 꿀리는 셈속은 아니다.

"이번에, 두 달 셈을 한꺼번에 드리쟀더니 또 역시 꿀립니다그려. 우선 밀린 거 한 달치만 받아 가시죠."

정례 어머니는 테이블 위에 놓인 손금고를 땡그렁 열고서 백 환짜리

를 척척 센다.

"이번에는 본전까지 될 줄 알았는데 이자나마 또 밀리니…… 장사는 깔축없이* 잘되는데, 그 원, 어째 그렇단 말씀유?"

하며, 영감은 혀를 찬다. 저편에서 만화를 보며 소곤거리던 아이들은 교장이라던 이 늙은이가 본전이니 변리니 하는 소리에 눈들이 휘둥그레서 건너다본다.

"칠천 오백 환입니다. 세 보십쇼. 그러니 댁 한 군델 세야 말이죠. 제일 무거운 짐이 아시다시피 김옥임이네 십만 환의 일 할 오 부, 일만오천 환이죠, 은행 조건 삼십만 환의 이자가 또 있죠. 기껏 벌어서 남 좋은 일 하는 거예요. 당신에게 이자 벌어 드리고 앉았는 셈이죠."

영감은 옆에서 주인댁이 하는 말은 귀담아듣지도 않고 골똘히 돈을 헤이더니, 커다란 검정 헝겊주머니를 허리춤에서 꺼내서 넣는다. 옆에 섰는 정례는 그 돈이 아깝고 영감의 푸둥푸둥한 넓적한 손까지 밉기도 하여, 가만히 내려다보고 있으려니까,

"그래 이달치는 또 언제쯤 들르리까? 급히 내가 쓸 데가 있으니까 아무래도 본전까지 해 주어야 하겠는데……."

하고, 아까와는 딴판으로 퉁명스럽게 볼멘소리를 하였다. 만화를 들여다보던 아이들은 또 한 번 이편을 건너다본다.

부옇고 점잖게 생긴 신수가 딴은 교장 선생 같고, 거기다가 양복이나 입고 운동장의 교단에 올라서면 저희들도 꿈질하려니 싶은 생각이 드는데, 이자돈을 받아 넣고 나서도 또 조르고 두덜대는 소리를 들으니, 설마 저런 교장이 어디 있으랴 싶어서 저희들끼리 또 눈짓을 하였다.

"되는 대로 갖다 드리죠. 허지만 본전은 조금만 더 참아 주십쇼. 선생님 같으신 어른이 돈 오만 환쯤에 무얼 그렇게 시급히 구십니까."

---

* 깔쭉없다 조금도 축나거나 버릴 것이 없다.

정례 어머니는 본전을 해 내라는 데에 얼레발*을 치며 설설 기는 수작을 한다.

"아니, 이자 안 물구 어서 갚는 게 수가 아니겠나요?"

"선생님두 속시원하신 말씀두 하십니다."

정례 어머니는 기가 막혀 웃어 보인다.

"참, 그런데 김옥임 여사가 무어라지 않습디까?"

그만 일어설 줄 알았던 교장은 담배를 붙이어 새판으로 말을 꺼낸다.

"왜, 무어라구 해요?"

정례 모녀는 무슨 말이 나오려는지 벌써 알아채고 입이 삐쭉들 하여졌다.

"글쎄, 그 이십만 환 조건을 대지루구 날더러 예서 받아 가라니 그래 어떻게들 이야기가 귀정이 났지요?"

영감의 말이 떨어지기가 무섭게 정례는 잔뜩 벼르고 있었던 듯이 모친의 앞장을 서서 가루 탄한다.

"교장 선생님! 그 따위 경위 없는 말이 어디 있에요? 그건 요나마 우리 가게를 판들어먹게 하구 말겠단 말이지 뭐예요!"

하고, 얼굴이 빨끈해지며 눈을 샐루 뜬다.

"응? 교장이라니? 교장은 별안간 무슨 교장……? 허허허……!"

영감은 허청* 나오는 웃음을 터뜨리며 저편 아이들을 잠깐 거들떠보고 나서,

"글쎄, 그러니 빤히 사정을 아는 터에 이럴 수도 없고 저럴 수도 없고……."

하며 말끝을 어물어물해 버린다. 이 영감이 해방 전까지 어느 시골선지

---

＊얼레발  '엉너리'의 사투리. 남의 환심을 사기 위하여 어벌쩡하게 서두르는 짓. '엉너리치다'는 '능청스러운 수단으로 남의 환심을 사다'라는 뜻.
＊허청  아무 생각 없이 문득 나서거나 움직이는 꼴.

오랫동안 보통 학교 교장 노릇을 하였다는 말을 옥임에게서 들었기에, 이 집에서는 이름은 자세히 모르고 하여 교장, 교장 하고 불러왔던 것이 입버릇으로 급히 튀어나온 말이나, 고리 대금업의 패를 차고 나선 지금에는 그것을 내세우기도 싫고, 더구나 저런 소학교 아이들 앞에서는 창피한 생각도 드는 눈치였다.

"교장 선생님이 이럴 수도 없구 저럴 수도 없으실 게 뭐예요. 그 아주머니한테 받으실 건 그 아주머니한테 받으십쇼그려."

정례는 또 모친이 입을 벌릴 새도 없이 풍풍 쏘아 준다.

"앤 왜 이러니."

모친은 딸을 나무라 놓고,

"그렇겐 못 하겠다구 벌써 끝낸 말인데 또 왜 그럴꾸."

하며, 말을 잘라 버린다.

"아, 그런데 김씨 편에서는 댁에서 승낙한 듯이 말하던데요?"

영감의 말눈치는 김옥임이 편을 들어서 이십만 환 조건인가를 여기서 받아내려는 생각인 모양이다.

"딴소리! 내가 아무리 어수룩하기루 제 사폐*만 봐주구 제 춤에만 놀까요?"

정례 어머니는 코웃음을 쳤다.

김옥임이의 이십만 환 조건이라는 것이, 요사이 이 두 모녀의 자나깨나 큰 걱정거리요, 그것을 생각하면 밥맛이 다 없을 지경이지마는, 자초는, 정례 모녀가 이 상점을 벌이고 나자, 장사가 잘될 성부르니까 김옥임이가 저도 한몫 끼우자고 자청을 하여 십만 환을 들여 놓고 들어왔던 것이다. 그리고 그 가지고 들어온 동사* 밑천 십만 환의 두 곱을 빼가고도 또 새끼를 쳐서 오늘에 와서는 이십이만 환까지 달라는 것이다.

---

＊ 사폐  개인의 사사로운 정.
＊ 동사(同事)  영업을 같이 함. 동업.

## 2

정례 모친은 남편을 졸라서 집문서를 은행에 넣고 천신만고하여 삼십만 환을 얻어 가지고, 부비 쓰고 당장 급한 것 가리고 한 나머지 이십이삼만 환을 들고 이 가게를 벌였던 것이었다. 팔천 환 월세의 보증금 팔만 환은 말 말고라도 점방 꾸미고 탁자 들이고 진열대 세 채 들여 놓고 하기에만도 육칠만 환 들었으니, 갖다 놓은 물건이라야 십만 환어치도 못되는 것이었다. 그러나 학생 아이들이 차츰 꾀게 될수록 찾는 것은 많아 가고 점심때에 찾는 빵이며 과자라도 벌여 놓고 싶고, 수실이니 수틀이니 여학교의 수예 재료들도 갖추갖추 갖다 놓고는 싶은데, 매일 시내로 팔리는 것을 가지고는 미처 무더기돈을 돌려 빼내는 수도 없는데, 쫄끔쫄끔 들어오는 그 돈 중에서 조금씩 뜯어서 당장 그날 그날 살아가야는 하겠으니, 자연 쫄리는 판에 김옥임이가 한 다리 걸치자고 덤비니, 동사란 애초에 재미없는 일이거니와, 요 조그만 구멍가게를 동사로 해서 뜯어먹을 것이 무에 있겠느냐는 생각도 없지 않았으나, 당장에 아쉬우니 오만 환씩 두 번에 질러서 십만 환 받아들였던 것이었다. 그러나 말이 동사지 이 할 넘어의 고리로 십만 환 빚을 쓴 거나 다름없었다. 빚놀이에 눈이 벌개 다니는 옥임이는 제 벌이가 바빠서도 그렇겠지마는, 하루 한 번이고 이틀에 한 번 저녁때 슬쩍 들러서 물건 판 치부장이나 떠들어 보고 가는 것밖에는 별로 거드는 일도 없었다. 실상은 그것이 쌩이질*이나 하고 부라퀴*같이 덤비는 것보다는 정례 모녀에게는 편하기도 하였던 것이다. 하여튼 그러면서도 월말이 되면 이익의 삼분지 일 가량은 되는 이만 환 돈을 또박또박 따 가곤 하였다. 담보물이 있으면 일 할, 신용대부로 일 할 오 부 변인데, 동사란 말만 걸고 이 할

---

* 쌩이질  '씨양이질'의 준말. 남이 바쁜 때에 긴하지 않은 일로 귀찮게 구는 짓.
* 부라퀴  제게 이로운 일이면 악착같이 덤벼드는 사람.

── 이 할이 안 될 때도 있었지마는 셈속 좋은 때면 이 할 이상의 배당도 차례에 오니, 옥임이 생각에는 실사고로는 이익이 좀더 되려니 하는 의심도 없지 않았으나, 그래도 별로 힘드는 일을 하는 것도 아니요, 가만히 앉아서 이 할이면, 하고한 날 뻘뻘거리고 싸지르면서 긁어들이는 변리돈보다는 나은 셈이라고 생각하였던 것이다. 하여간 올 들어서 밑천을 빼어 가겠다고 하기까지 아홉 달 동안에 이십만 환 가까운 돈을 벌어 갔던 것이다.

그러나 정례 부친이 만날 요 구멍가게서 용돈을 얻어다 쓰는 것도 못할 일이라고, 작년 겨울에 들어서 마지막 남은 땅뙈기를, 그야 예전과 달라서 삼칠제인 데다가 세금이니 비료니 하고 부담에 얽매이니까 그렇겠지마는 ── 하여간 아버지 전장으로 물려받은 것의 마지막으로 남은 것을 팔아 가지고 전래에 없는 눈이라고 하여, 서울 시내에서 전차가 사흘을 못 통할 동안에, 택시를 부리면 땅 짚고 기기라 하여, 하이야를 한 대 사들여 놓고 택시를 부려 보았던 것이라서 이것이 사흘 돌이로 말썽을 부려 고장이요, 수선이요 하고 나중에는 이 상점의 돈까지 하루만 돌려라, 이틀만 참아라 하고, 만 환 이만 환 빼내 가고는 시치미를 떼기 시작하니 점방의 타격은 의외로 큰 것이었다. 이 꼴을 본 옥임이는 에그머니나 하는 생각이 들었던지, 올 들어서며부터 제 밑천을 빼내 가겠다는 것이었다. 사실 잘못하다가는 자동차가 이 저자터까지 들어먹을 판인데, 별안간 옥임이가 빠져나간다니, 한편으로는 시원하나 십만 환을 모개로 빼내 주는 도리가 없었다.

"이렇게 거덜거덜할 바에야 집어치우지."

겨울 방학 때라, 더구나 팔리는 것은 없고 쓸쓸하기도 하였지마는, 옥임이는 날마다 십만 환 재촉을 하러 와서는 이런 소리도 하는 깃이있다.

남은 집문서를 잡혀서 이거나마 시작해 놓고, 다섯 식구의 입을 매달고 있는 터인데, 제 발만 쏙 빼놓았다고 이런 야멸친 소리를 할 제, 정레 모녀는 얼굴을 빤히 쳐다보곤 하였다.

"세전 보증금이나 빼내구 뉘께 넘겨 버리지? 설비한 것하구 물건 남은 것 얼러서 한 십만 환은 받을까? 그렇다면 내 누구 하나 지시해 줄까?"

이렇게 권하기도 하는 것이었다. 뉘께 넘기게 해서라도 자기가 십만 환만 어서 뽑아 가려는 말이겠지마는, 어떻게 보면 십만 환에 이 점방을 자기가 맡아 잡겠다는 말눈치인 듯도 싶었다.

"내가 바쁘지만 않으면 도틀어* 맡아가지고 훨씬 확장을 해 놓으면 이 꼴은 안 되겠지만, 어디 내가 틈이 있는 몸이야지……."

이렇게 운자를 떼는 것을 들으면 한 발 들여 놓고 한 발 내놓는 수작 같기도 하였다. 자동차 동티*로 밑천을 홀짝 집어먹힐까 보아서 발을 뺀다는 수작이다. 한편으로는 이렇게 한참 꿀리고, 학교들은 방학을 하여 흥정이 없는 이 판에, 번연히 나올 구멍이 없는 십만 환을 해내라고 못살게 굴면, 성이 가시니 상점을 맡아 가라는 말이 나오고 말리라는 배짱같이 보이는 것이었다. 모녀는 그것이 더 분하였다.

"저의 자수로는 엄두두 안 나구 남이 해 놓으니까 꾄 듯싶어서, 솔개미가 까치집 채어들 듯이 이거나마 뺏어 가지고 저의 판을 만들어 보겠다는 것이지만 첫째 이런 좋은 좌처를 왜 내놓을라구."

누구보다도 정례가 바르르 떨었다.

"매사가 그렇게 될성부르니까 뺏어 차구 앉았지. 거덜거덜하면 누가 눈이나 떠본다든!"

정례 모친은 코웃음을 치기만 하였다.

하여간 이렇게 쫄리기를 반 달쯤이나 하다가, 급기에야 팔만 환 보증금의 영수증을 옥임에게 담보로 내주고, 출자금 십만 환은 일 할 오 분

---

* 도틀어  이러니저러니 여러 말 할 것 없이 죄다 몰아서.
* 동티  건드려서는 안 될 것을 공연히 건드려서 스스로 입는 걱정이나 해.

변의 빚으로 돌라매고* 말았다. 옥임으로서는 매삭 이 할 배당의 맛도 잊을 수 없었으나, 기위 상점을 제 손으로 못 휘두를 바에는 이편이 든 든은 하였던 것이다.

그리고도 정례 모친은 옥임이와 가끔 함께 들러서 알게 된 교장 선생님의 돈 오만 환을 얻어 가지고, 개학 초부터 찌부러져 가던 상점의 만회책을 다시 세웠던 것이다. 그러나 땅뙈기는 자동차 바람에 날려보내고, 자동차는 수선비로 녹여 버리고 나니, 상점에서 흘려내간 칠팔만 환이라는 돈은 고스란히 떼 버렸고 그 보충으로 짊어진 것이 교장의 빚 오만 환이었다. 점점 더 심해 가는 물가에, 뜯어먹고 살아야는 하겠고, 내남직없이 종이 한 장, 연필 한 자루라도 덜 사겠지 더 팔리지는 않으니, 매삭 두 자국 세 자국의 변리만 꺼 가기도 극난이었다. 그리고 보니 자연 좋지 못한 감정으로 헤어진 옥임이한테 보낼 변리가 한 달, 두 달 밀리기 시작했던 것이다. 팔만 환 증서가 집문서만큼 믿음직하지 못하다고 그예 일 할 오 분으로 떼를 써서 제멋대로 매 놓은 것이 얄미워서, 어디 네가 그 이자를 긁어다가 먹나, 내가 안 내고 배기나 해 보자는 뱃심도 정례 모친에게 없지는 않았다. 옥임이 역시 제가 좀 과하게 하였다고 뉘우쳤던지, 또 혹은 팔만 환 증서를 가졌느니만큼 마음이 놓여서 그런지, 별로 들르지도 않으려니와, 들러서도 변리 재촉은 그리 아니하였다. 도리어 정례 어머니 편에서 변리가 밀려 미안하다는 말을 꺼내고 그 끝에,

"이 여름 방학이나 지내고 개학 초에 한몫 보면 모개 내리다마는 원체 일 할 오 분야 과한 것이오. 그 때 형편에는 한 달 후면 자동차를 팔아서라두 곧 갚겠거니 해서 아무려나 해 둔 것이지만 벌써 이월서부터 여덟 달이나 됐으니 무슨 수로 그걸 다 내우. 일 할씩만 해두 팔

---

* **돌라매다**  이자 따위를 본전에 합하여 새로 본전으로 삼다.

만 환이구료. 어이구…… 한 반만 깎읍시다."

하고 슬쩍 비쳐 보면 옥임이도 그럴싸한 듯이,

"아무려나 좋도록 합시다그려."

하고 웃어 버리곤 하였다.

그러던 것이 개학이 되자, 이달 들어서 부쩍 잦히면서 일 할 오 분 여덟 달치 변리 십이만 환 아울러서 이십만 환으로 이 교장 영감에게 치러 달라는 것이다.

급한 사정으로 이 영감에게 이십만 환을 돌려썼는데, 한 달 변리 일 할 이만 환을 얹으면 이십이만 환 부리가 맞으니, 셈치기도 좋고 마침 잘 되었다고 생글생글 웃어 가며 조르는 옥임이의 늙어 가는 얼굴이, 더 모질어 보이고 얄밉상스러워 보였다.

마치 이십이만 환 부리를 채우느라고 그 동안 여덟 달을 모른 체하고 내버려 두었던 것 같다. 정례 어머니는 기가 막혀 말이 아니 나왔다. 옥임이에게 속아 넘어간 것 같아서 분하였다.

그러나 분한 것은 고사하고 이러다가 이 구멍가게나마 들어먹고 집 한 채 남은 것마저 까불리지나* 않을까 하는 생각을 곰곰 하면 가슴이 더럭 내려앉는 것이었다.

소학교 적부터 한 반에서 콧물을 흘리며 같이 자라났고, 동경 가서 여자 대학을 다닐 때도 함께 고생하던 옥임이다. 더구나 제가 내놓은 십만 환은 한푼 깔축을 안 내고 이십만 환 가까운 돈을 벌어 주었으니, 아무리 눈에 돈동록이 슬었기로 제가 설마 내게 일 할 오 분 변을 다 받으려 들기야 하랴! 

한 반절 얹어서 십육만 환쯤 해 주면 되려니 하는 속셈만 치고 있던 자기가 어리보기라고 혼자 어이가 없는 실소를 하였다. 그러나 십오륙

---

| * 까불리다   제물 따위를 함부로 써 버리다.

만 환이기로 한꺼번에 빼내는 수는 없으니, 이번에 변리 육만 환만 마감을 하고서 본전은 오만 환씩 두 번에 갚자는 요량이었다.

집안 식구는 조밥에 새우젓 꽁댕이로 욱여 대더라도 어떻든지 이 겨울 방학이 돌아오기 전에 그 아니꼬운 옥임이 조건만이라도 끝을 내고야 말겠다고 이를 악무는 판인데, 이렇게 둘러대고 보니 살겠다고 기를 쓰고 기어올라가는 놈의 발목을 아래에서 붙들고 늘어지는 것 같아서, 맥이 풀리고 사는 것이 귀찮게만 생각되는 것이었다.

평생에 빚이라고는 모르고 지냈는데 펀펀히 노는 남편만 바라보고 있을 수가 없어서 시작한 노릇이라 은행에 삼십만 환이 그대로 있고 옥임이에게 이십이만 환, 교장 영감에게 오만 환 도합 오십칠만 환 빚을 어느덧 걸머지고 앉은 생각을 하면 밤에 잠이 아니 오고 앞이 캄캄하여 양잿물이라도 먹고 싶은 요사이의 정례 어머니다.

"하여간 제게 십만 환 썼으면 썼지, 그걸 못 받을까 봐 선생님을 팔구 선생님더러 받아 오라는 것이지만, 내가 아무리 죽게 돼두 제 돈 떼먹지는 않을 거니 염려 말라구 하셔요."

정례 어머니는 화를 바락 내었다. 해방 덕에 빚놀이를 시작해 가지고 돈 백만 환이나 착실히 잡았고, 깔려 있는 것만도 백만 환 이상은 되리라는 소문인데 이 영감에게 이십만 환 빚을 쓰다니 말이 되는 소린가. 못 받을까 애도 쓰이겠지마는, 십이만 환 변리를 본전으로 돌라매어 놓고, 변리의 새끼 변리, 손자 변리까지 우려먹자는 수단인 것이 뻔한 노릇이었다.

십만 환에 일 할 오 분이면 오천 환밖에 안 되나, 이십이만 환으로 돌라매 놓으면 일 할 변만 해도 매삭 이만이천 환이니, 칠천 환이 더 붙는 것이다.

"그야, 내 돈 안 쓴 것을 썼다겠소. 깔려만 있고 회수가 안 되면 피차 돌려두 쓰는 것이지마는, 나 역시 한 자국에 이십만 환씩 모개 내놓고 오래 둘 수는 없으니까 이렇게 하면 어떻겠소……."

영감은 무척 생색을 내고, 이편 사례를 보아서 석 달 기한하고 자기 조카의 돈 이십만 환을 돌려 주게 할 터이니 —— 다시 말하면 조카에게 이십만 환을 일 할로 얻어 쓸 터이니, 우수리 이만 환만 현금으로 내놓고 표를 한 장 써내라는 것이다.

옥임이는 이 영감에게로 미루고, 영감은 또 조카의 돈을 돌려 쓴다고 표를 받겠다는 꼴이, 저희끼리 무슨 꿍꿍이속인지 알 수가 없으나, 요컨대 석 달 기한의 표를 받아 놓자는 것이요, 그 사품에 칠천 환 변리를 더 받겠다는 수작이다.

특별히 일 할 변인 대신에 석 달 기한이라는 조건을 붙이는 것도 무슨 계교 속인지 알 수가 없다. 석 달 동안에 이십만 환을 만드는 재주도 없지마는, 석 달 후면 마침 겨울 방학이 될 때니 차차 꿀려 들어가는 제일 어려운 고비인 것이다. 정례 어머니는 이 연놈들이 무슨 원수를 졌다고 이렇게 짜고서들 못살게 구는 것인가 하는 생각에 한바탕 들이대고 싶은 것을 꾹 참으며,

"선생님께 쓴 돈 아니니, 교장 선생님은 아랑곳 마세요. 옥임이더러 와서 조르든, 이 상점을 떠메어 가든, 마음대로 하라죠."
하고 딱 잘라 말을 하여 쫓아 보냈다.

3

그 후 근 일 주일은 옥임이의 그림자도 보이지 않았다. 정례 모녀는 맞닥뜨리면 말수도 부족하거니와 아귀다툼하는 것이 싫어서 그날 그날 소리 없이 넘어가는 것만 다행하나, 어느 때 달려들어서 무슨 조건을 내놓고 졸라댈지 불안은 한층 더하였다.

"응, 마침 잘 만났군. 그런데 그만하면 얘기는 끝났을 텐데, 웬 세도

가 그리 좋아서 누구를 오너라 가너라 허구 아니꼽게 야단야⋯⋯."

정례 모친이 황토현 정류장에서 차를 기다리며 열 틈에 섰으려니까, 이리로 향하여 오던 옥임이가 옆에 와서 딱 서며 시비를 건다.

"바쁘기야 하겠지만 좀 못 들를 건 뭐구."

정례 모친은 옥임이의 기색이 좋지는 않아 보이나 실없는 말이거니 하고 대꾸를 하며 열에서 빠져나서려니까,

"그래 그 돈은 갚는다는 거야, 안 갚을 작정야? 세도 좋은 젊은 서방을 믿고 그 떠세*루 남의 돈을 무쪽같이* 떼먹으려 드나부다마는, 김 옥임이두 그렇게 호락호락하지는 않어⋯⋯."

---

\* 떠세   재물이나 세력 따위를 내세워 젠체하고 억지를 쓰는 짓.
\* 무쪽같다   하는 행동이 변변치 못하다.

원체 예쁘장한 상판이기는 하면서도 쌀쌀한 편이지마는, 눈을 곤두세우고 대드는 품이 어려서부터 삼십 년 동안을 보던 옥임이는 아니다. 전부터 '네 영감은 어째 점점 더 젊어 가니? 거기다 대면 넌 어머니 같구나.' 하고, 새롱새롱 놀리기도 하고, 육십이 넘은 아버지 같은 영감 밑에 쓸쓸히 사는 옥임이는 은근히 부러워도 하는 눈치였지마는, 밑도 끝도없이 길바닥에서 '젊은 서방' 을 들추어 내는 것을 보고 정례 어머니는 어이가 없었다.

'늙은 영감에 넌더리가 나거든 젊은 서방 하나 또 얻으려무나.'
하고, 정례 모친도 비꼬아 주고 싶었으나 열을 지어 섰는 사람들이 쳐다보며 픽픽 웃는 바람에,

"이거 미쳐나려나? 이건 무슨 객설야."
하고, 달래며 나무라며 끌고 가려 하였다.

"그래, 내 돈을 곱게 먹겠는가 생각을 해 보렴. 매달린 식솔은 많구, 병들어 누운 늙은 영감의 약값이라두 뜯어쓰랴구 이렇게 쩔쩔거리구 다니는 이년의 돈을 먹겠다는 너 같은 의리가 없는 년은 욕을 좀 단단히 뵈야 정신이 날 거다마는, 제 사정 보아서 싼 변리에 좋은 자국을 지시해 바친 밖에! 그것도 마다니 남의 돈 생으루 먹자는 도둑년 같은 배짱 아니구 뭐야?"

오고가는 사람이 우중우중 서며 구경났다고 바라보는데, 원체 히스테리증이 있는 줄은 짐작하지마는 창피한 줄도 모르고 기가 나서 대든다. 히스테리는 고사하고, 이것도 빚쟁이의 돈 받는 상투 수단인가 싶었다.

"누가 안 갚는대나? 돈두 중하지만 이게 무슨 꼬락서니냔 말야."
정례 어머니는 그래도 달래서 뒷골목으로 끌고 들어가려 하였다.

"난 돈밖에 몰라. 내일모레면 거리로 나앉게 된 년이 체면은 뭐구, 우정은 다 뭐냐? 어쨌든 내 돈만 내놓으면 이러니저러니 너 같은 장래 대신 부인께 나 같은 년야 감히 말이나 붙여 보려 들겠다든!"

하고, 허청 나오는 코웃음을 친다.

구경꾼은 자꾸 꾀어드는데, 정례 모친은 생전에 처음 당하는 이런 봉욕에 눈앞이 아찔하여지고 가슴이 꼭 메어올랐으나, 언제까지 이러고 섰다가는 예서 더 무슨 창피한 꼴을 볼까 무서워서 선뜻 몸을 빠져 옆 골목으로 줄달음질을 쳐 들어갔다. 뒤에서 발소리가 없으니 옥임이는 제대로 간 모양이다.

정례 모친은 눈물이 핑 돌았다. 스물예닐곱까지 동경 바닥에서 신여성 운동이네, 연애네, 어쩌네 하고 멋대로 놀다가, 지금 영감의 후실로 들어앉아서 세상 고생을 알까, 아이를 한 번 낳아 보았을까, 사십 전의 젊은 한때를 도지사 대감의 실내 마님으로 떠받들려 제멋대로 호강도 하여 본 옥임이다. 지금도 어디가 사십이 훨씬 넘은 중늙은이로 보이랴.

머리를 곱게 지지고 엷은 얼굴 단장에, 번질거리는 미국제 핸드백을 척 끼고 나선 맵시가 어느 댁 유한 마담으로 알 것이지, 설마 일 할, 일 할 오 분으로 아귀다툼을 하고, 어려운 예전 동무를 쫓아다니며 울리는 고리대금업자로야 누가 짐작이나 할까? 해방이 되자, 고리대금이 전당국 대신으로 터놓고 하는 큰 생화가 되었지마는, 옥임이는 반민자의 아내가 되리라는 것을 도리어 간판으로 내세우고 부라퀴같이 덤빈 것이다. 중경 도지사요, 전쟁 말기에는 무슨 군수품 회사의 취체역인가 감사역을 지냈으니, 반민법이 국회에서 통과되는 날이면, 중풍으로 삼 년째나 누웠는 영감이 어서 돌아가 주기나 하기 전에야, 으레 걸리고 말 것이요, 걸리는 날이면 떠메어다 징역은 시키지 않을지 모르되, 지니고 있는 집칸이며 땅섬지기나마 몰수를 당할 것이니, 비록 자식은 없을망정 자기는 자기대로 살 길을 차려야 하겠다고 나선 길이 이 길이었다.

상하 식솔을 혼자 떠맡고 영감의 약값을 제 손으로 벌어야 될 가련한 신세같이 우는 소리를 하지마는, 그래야 남의 욕을 덜 먹는 발뺌이 되는 것이다.

옥임이는 정례 모친이 혼쭐이 나서 달아나는 꼴을 그것 보라는 듯이 곁눈으로 흘겨보고 입귀를 샐룩하여 비웃으며, 버젓이 사람 틈을 헤치고 종로 편으로 내려갔다. 의기양양할 것도 없지마는, 가슴 속이 후련하니 머릿속이고 가슴 속이고 무언지 뭉치고 비비 꼬이고 하던 것이 확 풀어져 스러지고 화가 제대로 도는 것 같아서 기분이 시원하다.

그러나 그 뭉치고 비비 꼬인 것이라는 것이 반드시 정례 어머니에게 대한 악감정은 아니었다. 옥임이가 그 오랜 동무에게 이렇다 할 감정이 있을 까닭은 없었다. 다만 아무리, 요새 돈이라도 이십만여 환이라는 대금을 받아 내려면 한번 혼을 단단히 내고 제독을 주어야 하겠다고 벼르기는 하였지마는, 얼떨결에 나온다는 말이 젊은 서방을 둔 떠세냐 무어냐고 한 것은 구석없는 말이었고, 지금 생각하니 우스웠다.

그러나 자기보다도 훨씬 늙어 보이고 살림에 찌든 정례 모친에게는 과분한 남편이라는 생각은 늘 하는 옥임이기는 하였다.

남의 남편을 보고 부럽다거나 샘이 나거나 하는 그런 몰상식한 옥임이도 아니지마는, 자식도 없이 군식구들만 들썩거리는 집에 들어가서 몸도 제대로 가누지 못하는 늙은 영감의 방을 들여다보면 공연히 짜증이 나고, 정례 어머니가 자식들을 공부시키느라고 어려운 살림에 얽매이고 고생은 하나, 자기보다 팔자가 좋다는 생각도 나는 것이었다.

내년이면 공과 대학을 나오는 맏아들에, 중학교에 다니는 어머니보다도 키가 큰 둘째 아들이 있고, 딸은 지금이라도 사위를 보게 다 길러 놓았고, 남편은 펀둥펀둥 놀며 마누라가 조리차를 하는* 용돈이나 받아 쓰고, 자동차로 땅뗑기는 까불렸을망정 신수가 멀쩡한 호남자가 무슨 정당이라나 하는 데 조직부장이니 훈련부장이니 하고 돌아다니니, 때를 만나면 아닌게아니라 장래 대신이 되지 말라는 법도 없을 것이다.

---

＊조리차하다  아껴 써서 알뜰하게 부리다.

팔구 삭 동안 장사를 하느라고 매일 들러서 보면, 젊은 영감을 등이라도 두드리고 머리를 쓰다듬어 줄 듯이 지성으로 고이는 꼴이란, 아닌게아니라 옆에서 보기에도 부러운 생각이 들 때가 없지 않았지마는, 결혼들을 처음 했을 예전 시절이나, 도지사 관사에 들러서 드날릴 때에야 어디 존재나 있던 위인들인가?

그것이 처지가 뒤바뀌어서 관 속에 한 발을 들여 놓은 영감이나마 반민자로 지목이 가다니, 이런 것 저런 것을 생각하면 쭉쭉 뽑아놓은 자식들과, 한참 활동적인 허우대 좋은 남편에 둘러싸여 재미있고 기운꼴차게 사는 양이 역시 부럽고 저희만 잘된다는 것이 시기도 나는 것이었다. 보기 좋게 이년 저년을 붙이며 한바탕 해대고 나서 속이 후련한 것도 그러한 은연중의 시기였고, 공연한 자기 화풀이었는지 모른다.

옥임이는 그길로 교장 영감 집에 들러서,

"혼을 단단히 내주었으니까 인제는 딴소리 안 할 거외다. 내일 가서 표라두 받아다 주슈."

하고 일러 놓았다.

4

"오늘은 아퀴를 지어* 주시렵니까? 언제 갚으나 갚고 말 것인데 그걸루 의 상할 거야 있나요?"

이튿날 교장이 슬쩍 들러서 매우 점잖은 수작을 하는 것이다.

"이렇게 말씀하신 교장 선생님부터가 어떻게 들으실지 모르지만 김옥임이가 그렇게 되다니 불쌍해 못 견디겠어요. 예전에는 셰익스피어의 원서를 끼구 다니구, 〈인형의 집〉에 신이 나 하구, 엘렌 케이의

---

* 아퀴를 짓다  어수선한 일의 끝을 아물리어 마감하다.

숭배자요 하던 그런 옥임이가, 동냥자루 같은 돈 전대를 차구 나서면서 세상이 모두 다 노랑 돈닢으로 보이는 모양인지……. 어린애 코묻은 돈푼이나 바라고 이런 구멍가게에 나와 앉았는 나두 불쌍한 신세이지마는, 난 옥임이가 가엾어서 어제 울었습니다. 난 살림이나 파산 지경이지 옥임이는 성격 파산인가 보드군요…….”

정례 어머니는 분하다 할지, 딱하다 할지, 속에 맺히고 서린 불쾌한 감정을 스스로 풀어 버리려는 듯이 웃으며 하소연을 하는 것이었다.

“그런 말씀을 하시니 나두 듣기에 좀 괴란쩍습니다마는* 다 어려운 세상에 살자니까 그런 거죠. 별수 있나요. 그래도 제 돈 내놓고 싸든 비싸든 이자라고 명토 있는 돈을 어엿이 받아먹는 것은 아직도 양심이 있는 생활입니다. 입만 가지고 속여먹고, 등쳐먹고, 알로 먹고, 꿩으로 먹는 허울 좋은 불한당 아니고는 밥알이 올곧게 들어가지 못하는 지금 세상 아닙니까…… 허허허.”

하고 교장은 자기 변명인지 옥임이 역성인지를 하는 것이었다.

이 날 정례 어머니는 딸이 옆에서 한사코 말리며,

“그따위 돈은 안 갚아도 좋으니 정장*을 하든 어쩌든 마음대로 하라구 내버려 두세요.”

하며 팔팔 뛰는 것을 모른 체하고, 이십만 환 표에 이만 환 현금을 얹어서 옥임이 갖다가 주라고 내놓았다.

정례 모친은 그 후 두 달 걸려서 교장 영감의 오만 환 빚은 갚았으나, 석 달째 가서는 이 상점 주인이 바뀌어들고야 말았다. 정말 교장 영감의 조카가 나서나 하였더니 교장의 딸 내외가 들어앉았다.

상점을 내놓고 만 바에는 자질구레한 셈속을 따진대야 죽은 아이 귀

---

* 괴란쩍다 부끄러워 얼굴이 붉어지는 느낌이 있다.
* 정장(呈狀) 소송장을 관청에 냄.

만져 보기지 별수 없지마는, 하여튼 이십만 환의 석 달 변리 육만 환이 또 늘어서 이십육만 환인데 정례 모녀가 사글세의 보증금 팔만 환마저 못 찾고 두 손 털고 나선 것을 보면, 그 팔만 환을 에끼고* 남은 십팔만 환이 점방의 설비와 남은 물건값으로 치운 것이었다.

물론 옥임이가 뒤에 앉아 맡은 것이나, 권리값으로 오만 환 더 얹어서 교장영감에게 팔아넘긴 것이었다. 옥임이는 좀더 남겨먹었을 것이로되, 교장 영감이 그 빚 받아내는 데에 공로가 있었기 때문에 오만 환만 얹어먹고 말았다. 또 교장은 이북에서 내려온 딸 내외에게는 똑 알맞은 장사라고 생각이 있어서 애초부터 침을 삼키고 눈독을 들이던 것이라, 이 상점을 손에 넣으려고 애도 썼지마는, 매득*하였다고 좋아하였다. 정례 모녀는 일 년 반 동안이나 죽도록 벌어서 죽 쑤어 개 좋은 일 한 셈이라고 절통을 하였으나 그보다도 정례 모친은 오래간만에 몸 편해져서 그렇기도 하였겠지마는, 몸살 감기에 울화가 터져서 그만 누운 것이 반 달이나 끌었다.

"마누라, 염려 말아요. 김옥임이 돈쯤 먹자만 들면 삼사십만 환쯤 금세루 녹여 내지. 가만 있어요."

정례 부친은 앓는 마누라 앞에 앉아서 이렇게 위로하였다.

"옥임이 돈을 먹자는 것두 아니지마는 무슨 재주루?"

마누라는 말리는 것도 아니요 부채질하는 것도 아닌 소리를 하였다.

"김옥임이도 요새 자동차를 놀려 보구 싶어한다는데, 마침 어수룩한 자동차 한 대가 나섰단 말이지. 조금만 참어요, 우리 집문서는 아무래두 김옥임 여사의 돈으로 찾아 놓고 말 것이니……."

하며, 정례 부친은 앓는 아내를 위하여 뱃속 유하게 껄껄 웃었다.

---

* 매득(買得)  싸게 쌈.
* 에끼다  서로 비겨 없애다. 상쇄하다.

# 쌀

## 1

"그 김치 먹지 말구, 이거 먹어 봐."

"아무거나, 이건 왜 어때서요?"

출근 시간도 바쁘긴 하지만 귀성 아버지는 멀뚱한 콩나물 국물에 만 밥 위에 우거지가 진 김치를 얹어서 볼이 미어지게 급히 퍼 넣으면서 대꾸를 한다.

"그게 어디 김치야, 그래두 이만은 해야 사람의 입에 들어가지."

완식이는 자조하는 어기*로 비쭉 웃어 보이며 천천히 밥술을 떠 넣는다. 귀성 아버지를 데리고 같이 출근을 하겠건마는, 걸귀가 들린 듯이 밥을 퍼넣는 귀성 아버지와는 대조가 될 만큼 차근차근히 꼭꼭 씹어 먹고 앉았다.

"우린 이런 거나마 없어 못 먹습니다……."

귀성 아버지는 오늘 아침에는 집에서 밥이나 끓였을까 하는 생각이

---

\* 어기(語氣) 말할 때의 어조나 기세.

머리에 떠오르며,

"어디, 이 김치는 어디 건데요?"

하고 하얀 통김치가 먹음직스럽게 담겨진 보시기로 젓가락이 갔다. 귀성 아버지는 어제 저녁에 일을 마치고 나서 눈보라가 치는 밤길을 홍제원까지 어떻게 걸어나가겠느냐고 완식이가 끌어 주는 것만 고마워서 같이 와서 잤던 것이다.

"안에서 내온 거야. 원체 음식 솜씨가 있어서……."

딴은 귀성 아버지의 입에도 이 안집 김치는 씩씩하니 달고 감칠맛이 올 들어서는 처음 얻어먹는 것 같다.

"그 따위 씨도리 우거짓감밖에 안되는 걸 휘몰아 갖다 주구…… 김장 이랍시구 헌 것만 다행하지! 오죽해야 아무두 안 가져가는 것을 차덕에 쓸어왔을구."

아까부터 남편이 사람 못 먹을 것처럼 집의 김치를 타박하는 소리가 못마땅해서 샐쭉해서 앉았던 아내는 안집 마님댁 음식 솜씨가 좋다는 말에 더 배쭉해서 탄하고 말았다.

"그리게 누가 뭐랬나? 남두 안 가져가는 씨도리 재치의 재치나 싼맛에 쓸어다 먹는 내 신세가 가엾어서 하는 말이지. 누가 임자 솜씨가 나쁘댔나?"

하고 완식이는 예사로이 대꾸를 하여 주었다. 무심코 안집 부인의 솜씨 좋다는 이야기를 꺼냈지마는, 고깝게 듣는 것도 여자의 통성으로 자기의 솜씨가 나쁘다고 들어보라는 듯이 한 말같이 바르르 하는 것도 무리가 아니라고 완식이는 자기의 말이 좀 지나쳤다고 뉘우치기도 하였다.

"감만 제대루 갖다 줘 봐요, 누군 손꾸락이 부러져서 남만치 못 담을라구!"

댁내는 꺼낸 말끝이라 또 한 번 쏘아붙였다.

여기까지는 그래도 괜찮았지마는 거기에 연달아서,

"젠장, 남은 거저 줘도 마다는 걸 휘몰아다 주구서, 뼛골만 빠진 것이 아깝지! 그래두 입만 백만장자처럼 짧아서…….."

하고 또 퐁퐁 대드는 소리를 하는 데는 완식이도 발끈하였다.

"뭘 어쨌단 잔소리야, 밥상머리에서! 남 가지나 입안이 깔깔해 넘어가질 않는데 죽지 못해 한술 뜨는 거나마…….."

완식이는 곧 숟가락을 내동댕이치려다가 꾹 참고 한숨 돌리면서,

"그래, 무는 제대루 시장에서 산 것 아닌가? 솜씨가 한껏 좋아서 깍두기가 이 꼴야?"

하고 이런 오금으로 화풀이를 하여 버렸다. 일전에 안집에서 먹어 보라고 내온 깍두기 맛이 하도 달고 좋았기에 하는 말이다.

"이거 왜들 이러세요. 아주머니두 없는 살림에 화가 나시겠지만, 원체 우리 형님이 깔끔하신 성미에 식성이 이만저만하십니다! 아주머니 더 잘 아시겠지만, 예전에 잘사실 때야…… 아니, 사변 전만 해두 어디 이런 김치 보시기 하나만 놓인 쥐코 밥상을 받구 진지를 잡수셨나요. 이래저래 화가 나시니까 그렇겠죠. 형님두 참으세요."

귀성 아버지가 말리고 나섰다. 겨울 들어서 완식이 덕에 벌이 구멍이 터지지 않았더라면 굶어 죽었을지 모르는 귀성 아버지니, 연해 형님 형님 하고 완식이의 편을 들고 나서는 것도 그럴 만한 일이지마는, 완식이도 전에 잘살던 이야기를 꺼내 주는 바람에 뭉쳤던 마음이 적이 풀렸다.

"똥 다 된, 어머니 아버지 덕에 잘 먹고 잘 입던 그까짓 고랫적 얘긴 해서 뭘 해요. 당장 속에서 쪼르륵 소리가 나두, 그 알량한 월급푼이나마 두 달, 석 달씩 밀리구 제때에 나오지두 않는 걸 허구헌 날 조비비듯 바라구 앉아서…….."

아내는 입이 부어 코웃음을 치면서 발딱 일어나 나가더니 숭늉을 떠 가지고 들어온다.

"가만히 겝쇼, 이제 쌀가마니나 짊어지구 들어올 게니요."

귀성 아버지는 숭늉을 받아서 꿀떡꿀떡 마시고 나더니 꺽 하고 트림을 한 번 시원스럽게 하고도 웃음의 말처럼 밥 잘 먹었다는 인사 대신에 한 마디 듣기 좋은 소리를 한다.

"에이, 쓸데없는 소리 말어."

완식이가 눈살을 찌푸려 보였다.

"쓸데없는 소리가 뭐예요. 오늘은 꼭 틈을 타야 합니다. 사과를 실리구 나서, 한 시간 반쯤 아무러면 틈을 내지 못할라구요."

귀성 아버지는 펄쩍 뛰며 달래는 말눈치로 우겨 댄다.

"일없어!"

완식이는 귓가로도 안 들린다는 듯이 핀잔을 주며 상에서 물러앉는다.

"뭔데요?"

쌀가마니라는 말만 들어도 귀가 반쩍해진 완식이 처가 상을 물리며 귀성 아버지를 돌아다본다.

"쌀 한 도락구(트럭)만 실어다 주면 이만 환이 고스란히 들어오는 판이요, 운수 좋으면 쌀가마니라두 공짜로 걸리는 판인데 형님은 괜히 창피한 것만 찾구!"

귀성 아버지는 혼잣소리처럼 이렇게 대꾸를 하고 픽 웃었다. 금방 내외가 말다툼을 한 끝이니 섣부른 소리를 내놨다가는 또 공연한 불집을 일으키지나 않을까 싶어 염려도 되었지마는 이 아주머니와 함께 졸라 대면 완식이의 마음을 돌리게 할 수 있을까도 싶어서 응원을 청하려는 속셈도 있어 말을 꺼낸 것이다.

"근데 창핀 무슨 창피?"

"병택이가 새에 들었거든요. 그 자식이 일거리를 맡아 기지구 와서 넌지시 일러 주는 건데…… 그 자식은 여전히 택시만 굴리지 않아요?"

"으음…… 하지만 창피한 건 뭐 있어요? 배에서 쪼르륵 소리가 나두?"

완식이 처는 짐작할 수 있다는 듯이 고개를 까딱까딱하면서도 남편에게 핀잔을 맞은 끝이라 일부러 한 번 더 듣기 싫은 소리를 하였다.

"아, 어째 창피하지 않단 말예요. 전에 부리던 고녀석하구 어깨를 맞겯는 동관쯤 됐으니, 고놈은 아주 으시대구…… 형님이 아니꼽다구 고놈이 새에 든 일은 안 맡겠다시는 것두 무리는 아니죠. 하지만……."

이번에는 완식이를 구슬리려는 듯이 귀성 아버지가 늘어놓자니까, 옷을 갈아 입고 있던 완식이가,

"잔소리 말어!"

하고 소리를 바락 지른다. 귀성이 아버지는 머쓱해서 혀를 널름해 보이고는 입을 닫쳐 버렸다.

"주린 귀신 듣는 데 떡 이야기 하기지, 괜한 객설을 꺼내 가지구……."

하며 완식이는 혀를 찼다.

"그럼 당장 오늘 저녁거리두 없는데 창피만 찾다 말려우? 하루 이틀 아니구 날더러 어떻게 대란 말예요?"

아내도 지지 않고 대들었다. 완식이는 아무 소리 없이 방 밖으로 훌쩍 나가 버렸다.

병택이란, 완식이가 제 차를 가지고 벌 때 부리던 운전수다. 벌써 사변 전 일이지만 마지막 생도를 차린 것이 곧 부친이 물려주고 간 집문서를 넣어서 낡은 하이어 한 대를 사들이어서 택시로 굴려먹던 것이었다. 그 바람에 완식이도 제법 한 사람 몫의 운전수가 되고 말았지마는 운전 면허장을 가지고도 사변이 일어난 미처까지는 앉아서 병택이를 부리고 자기가 나서서 차를 굴리려 들지는 않았었다. 역시 살던 끝이라 서방님 때를 벗기가 서운해서 벗어부치고 나서서 손수 벌 생의가 나지

를 않았던 것이다. 그러나 병택이가 살살 속여 가며 제 낭중만 알고, 차 주면 차주지 넌 뭐냐는 듯이 깔보고 덤비는 것이 괘씸해서 두들겨 내쫓 다시피 한 지 얼마가 안 되어 사변이 터지자, 완식이는 그 차에 식구를 태워 가지고 부산에 내려가서 얼마 동안 혼자 굴리며 그것으로 뜯어먹 다가는 결국에 그나마 깝살리고, 아주 이제는 패차고 나서서 남의 고용 살이 운전수로 전락하였던 것이다.

'누굴 닮아 그럴꼬? 조만 찾구 속은 살아서 피침한 일이라군 손톱만 큼두 안 하려 들구…….'

남정네들을 내보낸 뒤에 완식이댁은 물려낸 밥상에 어린것들을 모아 놓고 앉으면서, 남편이 못마땅하여 이런 생각을 하는 것이다.

## 2

'염체는 없지만 싸전엘 또 나가 보나…….'

해가 기울어져 가는 것을 보니 완식이댁은 바느질도 손에 잡히지 않고, 속이 바작바작 타오르는 것 같았다. 아까 아침에 남편에게 한 말이 홧김에 면박이나 엄포로 한 말이 아니라 사실 저녁거리가 없다. 가겐들 두 말 값이 그대로 있는데 낮이 뜨뜻하게 또 나가서 입을 벌릴 염의가 없어 나설 용기가 나지를 않는다. 안집에서 꾸어 먹을까도 생각하여 보 았지만 거기도 요새는 한 말 두 말씩, 밤이면 도둑질이나 해오듯 자루 를 끼고 다니는 눈치인데 말을 냈다가 퇴짜를 맞으면 서로 무안하기만 할 것이다.

'병택이면 어떻구, 병택이 할애비면 어떻단 말야? 계집 자식 배를 곯 여 놓구두 그 아니꼬운 체면만 차리면 누가 장하다던가!'

완식이댁은 남편이 얼렁뚱땅하고 둥글둥글하게 놀지 못하는 것이, 주변머리 없는 탓이라고만 밀어붙였다.

말만 팔릴 때 팔리더라도 하여간 싸전에나 나가 봐야 하겠다고 마악 치마를 갈아 입고 섰으려니까 밖에서 뚜루루 하고 차 소리가 난다. 유착한 차 소리가 트럭 같다. 완식이댁은 떠드는 아이들에게 소리를 질러 입을 틀어막고 귀를 기울이고 섰자니 차소리는 문앞에 와서 딱 그쳤다.

"아주머니, 이리 좀 나옵쇼."

하는 귀성 아버지의 반가운 목소리가 들릴 때는, 벌써 완식이댁이 고무신짝을 끌고 중문 밑까지 단숨에 나왔다.

"아구, 얼마 만예요! 이렇게 반가운 손님을 모셔들이려구 치마까지 갈아 입구 있었답니다. 호호호."

완식이댁은 귀성 아버지가 낑낑 짊어지고 들어오는 쌀섬을 몇 해 만에 보느냐고 어루만져 주고 싶을 만큼 신통하고 대견해 하였다.

"암말 말구 겝쇼. 이따 형님이 고기근이나 사 들고 들어오실 겁니다."

귀성 아버지는 쌀섬을 뒷마루 끝에 턱 놓고 무슨 큰 공이나 세운 듯이 히죽 웃으며 한 마디 남기고는 흥 좋게 나간다.

밖에는 으레 남편이 왔을 텐데 좀 들여다볼 일이지, 아침에 토라진 것이 그저 덜 풀렸나 하고 완식이 처도 따라나가려니까,

"오늘은 오래간만에 아주 쌀벼락을 맞았습니다. 한 백 가마니나 싣구, 겨우 한 군데 배달을 해 주구 오는 길인데 아주머니 눈요기라두 실컷 해 두시렵니까? 좀 나와 봅쇼. 헤헤헤."

하고 앞선 귀성 아버지가 껄껄댄다. 아닌게아니라 아직도 두 군데 양조장으로 간다는 쌀가마니가 집더미처럼 트럭 위에 쌓여 있는 것을 보니, 저것만 가지면 한 십년 계량은 하여 밥 걱정은 없을 텐데, 자고 새면 저것 땜에 맘을 졸이고 사는구나 하는 생각을 하면 허황되게 부러운 생각도 들었다.

운전대에는 남편이 또 한 사람 모르는 남자와 나란히 앉았는데, 돌아

다보지도 않고 모른 체하고 있다가 귀성 아버지가 쌀가마니 위로 기어 올라가며 오라잇 하고 소리치니 뿌르르 소리를 내고 뚝 떠나 버렸다.

아무리 그 많은 쌀섬에서기로 허청대고 한 가마니 축을 내서 데밀 리는 없을 거요, 남편이 무엇 때문에 풀이 죽어 그러는지, 완식이댁도 떳떳하지 못한 쌀가마니를 받아들인 것이 아닌가 싶어 마음이 덜 좋았다.

그래도 방에서는 아이들이 쌀가마니를 보고 신이 나서 가로 뛰고 세로 뛰고 법석들이요, 집안이 금시로 환해진 것 같았다. 부리나케 쌀을 독에 퍼붓고 나서 저녁쌀을 내려니까 조금 전까지도 꾸러 가려던 안집 마님이 열없는 웃음을 짓고 나오더니 쭈뼛쭈뼛하며, 들어오는 맡에 꾸라기가 안됐다고, 이편이 도리어 민망하리만큼 계면쩍어하며 쌀을 꾸어 달라 한다. 완식이댁은 선선히 큰 양재기에 쌀을 퍼 주고, 큰 부자나 된 듯싶어 신바람이 나서 연해 재잘대며 깔깔거리는 것이었다.

남편은 귀성 아버지 말대로 정말 고기를 사서 귀성 아버지에게 들려 가지고 일찍 들어왔다.

"흥! 사람이 살다가두 별꼴을 다 보지."

완식이는 여전히 신기가 좋지 않아, 방에 들어서는 맡에 짜증을 내었다.

"그래두 받을 건 받은 셈이요, 저희들 수에 넘어간 것은 아니지 뭐예요."

귀성 아버지는 달래었다.

"그래, 신세가 요지경이 됐단 말야! 나중엔 그 자식 집에 쌀 배달까지 해 주구…… 헝!"

하며 완식이는 분하고 절통해 못 견디겠다는 듯이 저고리고 와이셔츠고 벗어서 팽개치는 것이었다. 둘이 이야기하는 눈치를 들어 보니, 양조소로 도는 길에 따라다니는 정미소 사람의 지시대로 어느 집에를 들러서 쌀 한 가마니를 내려놓았는데, 거기가 바로 병택이의 집이더라는 것이다. 오막살이 문전에 영업차이기는 하지만 고급 하이어가 놓였기에 웬일인가 했더니, 병택이 내외가 쭈르르 나와서, 가만히나 있었으면 좋으련마는 병택이는,

"이거 선생님 수고하십니다그려."

하며 빙글거리고 계집년은 뒤에서 뱅글뱅글 웃고만 섰더라는 것이다. 귀성 아버지도 심사가 나서,

"자네 일거리 하나 진권하고 쌀 한 가마니 구문은 좀 과하지 않은가?"

하고 빈정대니까 병택이가 불끈하며,

"구문이 다 뭔가. 까소린 값야. 나도 내 벌이하구 외상값 받는 거야."

하고 쾌쾌히 구는 것을 보면 따라다니던 정미소놈과 거래가 있어 택시를 공짜로 서비스해 온 대거래인 모양이다. 완식이는,

"그놈의 계집년에게까지 요꼴로 이 낯짝을 보여 주었으니, 이러구두 살아 옳단 말야?"

하고 아무 죄 없는 아내에게 폭백을 하는 것이었다. 그러나 완식이댁도 듣고 보니, 예전에 병택이를 부릴 때는 하루가 멀다고 드나들며 밥도 먹고 끼니거리가 없으면 남편의 월급에서 제하라 하고 잔돈푼씩 뜯어 가고 하던 그 젊은것이 아니던가 하고 분하지 않을 수 없었다.

"기껏해야 그놈들 꿩 먹구 알 먹구 하는 시중 들어 준 거 아닌가?"

완식이는 또 발끈하였다. 정미소에서 세 군데 양조장에 쌀을 실어내는 길에 그 쫓아다니던 사무원이 넌짓넌짓 꾸려 두었던 쌀 세 가마니를 슬며시 얹어 가지고 나와서, 한 가마니는 약속한 운임 이만 환의 반, 만 환금으로 완식에게 주고, 한 가마니는 병택이 집에 갖다 주고, 나중 한 가마니는 도중에서 안면 있는 싸진에 팔아넘겨 가지고 운임 나머지 만 환을 완식이에게 치렀으니 결국 그 사무원놈이 쌀 세 가마니 훔쳐 내는 데 방조나 해 주고, 저는 저대로 정미소에서 운임 이만 환을 고스란히

받아먹을 거라 하는 생각을 하면 받을 거야 받은 셈이지만 부아가 터진다.

"였네, 반일세."

완식이는 솜뭉치를 달아 놓고 혼자 권투연습이나 하고 난 사람처럼 한참 화풀이를 하고 난 끝에 기운이 폭 까부라져서, 만 환 뭉치를 꺼내 가지고 소리없이 세다가 귀성 아버지 앞에 내놓는다.

"에그, 오천 환 템이 과합니다."

귀성 아버지는 손과 몸을 움츠러뜨리며 뒤로 물러앉았다.

"잔소리 말고 넣어 둬. 이따 갈 제 쌀이나 한 말 가져가라구."

조수도 아니요, 데리고 다니며 짐을 싣고 내리는 인부로 쓰는 것이었지마는 이것은 자동차부에도 몰래 돈벌이를 한 것이요, 또 이 사람이 새에 든 것이니 그만큼은 분배를 해 주어야만 하였다.

귀성 아버지가 술을 받아오고 고기를 구워 들여오고 하니까 완식이는,

"여보, 안에도 한 접시 구워 들여보내지."

하고 분별을 한다.

"뭐, 고기 두 근이 얼마 돼야지. 오늘은 괜찮아요, 아까 쌀두 꿔 가구 했는데."

"뭐? 쌀을 꿔 가?"

완식이는 눈이 똥그래지다가 고개를 떨어뜨리고 무엇을 생각하는 눈치더니,

"그러니, 더구나 안주감이라두 사 들여보내야 하지 않나?"

하고 역정을 와락 낸다. 예전에 모시던 국장님댁에서 쌀을 꾸어 가다니 하는 감개무량한 생각이 드는 것이었다. 주인 영감이 ××부의 총무과장 시절부터, 그 때는 거기 차를 굴렸기 때문에 그 연줄로 이 집 바깥채를 얻어들게도 되었던 것이지만, 그 후 국장까지 올라가서 얼마 못되어 내놓고 들어앉았고, 완식이도 빽이 물러나니 떨려나서 트럭 운전수로

또 한 번 전락이 된 것이라 그들 사이에는 그러한 깊은 인연이 있는 터이다.

"아무리 공을 들인대두 소용없어요. 벌써 싹수가 노란데! 그 양반도 서서 똥 눌 이라, 벌써 일 년이나 저렇게 들어앉은 걸 보슈……."

완식이댁은 남편이 돈푼 보면 술병이라도 사 들여보내고 주인 영감에게 극진히 하는 까닭을 빤히 알기 때문에 남편이 하는 대로 따라가기는 하지마는 그 시늉이 성가시기도 하였고, 이제는 쌀까지 꾸러 나오는 것을 보고 아주 넘보고 하는 말이었다.

"에이! 그것두 말이라구 해?"

완식이는 쭈욱 마신 술잔을 상 위에 땅 놓고,

"아무리 이런 세상이기루 그래도 사람이 의리가 있지……. 그건 고사하구 그래, 나처럼 서서 똥 눌 양반이라구 싹수가 노랗다니! 싹수가 노란 나한테선 며칠이나 밥을 얻어먹겠다는 거야?"

하고 눈을 저편 벽에다 대고 흡뜨더니, 와락 옆에 놓은 술주전자와 김이 모락모락 나는 고기 접시를 좌우 손에 들고 나서며,

"자네, 좀 미안하지만 술 또 데라 하구, 새로 구운 안주 해서 다시 한잔 먹구 앉았게, 내 잠깐 다녀 나옴세."

하고 풍우같이 나간다.

완식이댁은 가뜩이나 심사가 부풀어난 남편을 공연히 덧들여 놓았다고 자기의 말이 지나친 것을 후회하였다.

3

"국장님 계시죠?"

"응, 그건 또 뭐요?"

주인 마님은 부엌에 밥을 안쳐 놓고, 상을 보려고 김치포기를 썰다가

내다보며 완식이가 두 손에 들고 들이미는 것을 우선 받으려니까, 벌써 건넌방에서 영감이 듣고 내다보며,

"왜 그러나? 어, 난 몸이 아파 술 못 먹어. 가지구 가서 자네나 먹게."

하고 질색을 한다.

"아니올시다. 날이 몹시 쌀쌀하기에……."

완식이가 들어가고 싶어하는 눈치로 주저주저하니까,

"추우니 하여간 좀 들어오기나 하게."

하고 미닫이를 닫는다. 영감은 궁해지고 들어앉아 심심하니까 완식이가 가끔 술병을 사 들고 들어오면 불러들여 대작을 하는 때도 있었다.

"아, 뭘 쓰십니까? 바쁘신데 전 가겠습니다."

영감이 책상에 서류를 벌여들고 무엇인지 쓰고 있는 것을 보고 완식이는 들어가려다 말고 문을 다시 닫으려 하자,

"아냐, 들어오게."

하고 인사로 말을 걸어 주는 것만 고마워서, 들어가 윗목에 우그리고 앉았다. 영감은 모른 체하고 쓰던 것을 골똘히 쓰고 앉았다. 가만히 넘겨다보니 제 몇 조, 몇 조 하고 써 놓은 것은 무슨 회사의 정관을 꾸미는 눈치 같다.

술상이 들어왔다.

"아, 추운데 사모님께서 이렇게 손수……."

완식이는 술상을 받아 놓으며 이제는 식모도 없는 채 마님이 손수 시중을 드는 것이 딱해서 새삼스레 인사를 하였다.

"난 몸이 아파 안 먹는다니까."

영감은 붓 든 손을 쉬고 캥캥한 얼굴에 이맛살을 누비며 핀잔을 준다.

"아, 추신데 따뜻한 것 한 잔만 하세요. 죄송합니다. 바쁘신데."

완식이는 조심조심 술을 따르면서, 이 영감이 오늘은 무엇에 화가 나 이렇게 역정을 낼꼬 하며 송구스러운 생각도 들었으나, 기실 영감은 저

녁거리가 없어 이 젊은 사람의 집에서 쌀을 꾸어온 판이라 술까지 얻어
먹는 자기 신세를 생각하고 신산해서 그러는 것이었다.

"뭐야? 흠, 전화 걸어 봐 달라고 그러는 거지? 요새 좀 바빠서 출입을
못 했어."

영감은 그래도 김이 모락모락 나는 술잔을 보니 비위가 동해서 만년
필을 놓고 상으로 다가앉으며, 남 무안스럽게 직통에 대고 쏘아붙인다.
어떻게 완실한 직장을 하나 얻어 달라고 전부터 영감한테 청을 해서,
간신히 한 번 천일공사로 옛날의 동관을 찾아가 보고 부탁은 하여 놓
았다는데, 그 하회를 전화로라도 또 한 번 물어 보아 달라고 틈틈이 졸라
온 터이라, 그래서 술잔이나 사 먹이는 것이냐고 까놓고 야멸친 소리를
하는 것이다.

"온 천만의 말씀입니다. 오늘 좀 뜬돈이 들어왔길래 반주나 합시사고
사 왔습죠."

"응, 그래두 벌이가 잘되는 모양이로군요."

"벌이가 뭡니까. 죽지 못해 매달려 있죠마는 자식들은 대강이가 커
가구, 되지 못한 나이는 사십을 바라봐 가는데, 이 추위에 정거장 바
닥에서 발을 동동 구르구 서서……."

완식이는 정거장 앞 자동차부에서 일을 보고 있으니 하는 말이다.

"자네두 한 잔 들게."

영감은 컵술을 단숨에 쭉 마시고 나서 고기 한 점을 덥석 넣으며 권
한다.

"아니올시다  전 친구가 기다리고 있으니까 곧 나가 봐야 하겠습니
다."

하고 완식이가 두 잔째 담아 주는 것을 영감은 또 잠자코 마시더니 신
기가 조금은 풀렸는지 책상 위의 서류를 가리키며,

"가만 있게. 이것만 되면 자네두 좋은 수가 생길 걸세."

하고 빈말이나마 귀에 솔깃한 소리를 들려주고는 이편에서 채 물을 새
도 없이 뒤달어서,

"그럼 어서 내려가 보게. 전화는 내일이라두 나가게 되면 걸어 봄세
마는 그 아니꼬운 꼴을 피우는 폭이 될 성싶진 않어, 하여간 믿진 말
게."

하고 잡아떼는 소리를 한다. 영감은 완식이에게 졸려서 마지못해 예전
과장 시절의 동관이란 것만 믿고 지금 정부의 대행기관인 천일공사를
휘두르는 김진우를 찾아가서 말은 걸어 놓았으나, 두 차례나 찾아가서
도 몇 시간을 기다려 겨우 만난 것이 그나마, 거드름을 피우고 공연히
너털웃음만 치며 두고 보자고 허청 대답을 하던 것을 생각하면 아니꼽
기 짝이 없고, 전화를 걸어 보나마나 뻔한 노릇일 것이니, 아예 창피스
럽게 전화를 걸고 싶지 않은 것이다. 그래도 뜬물 같은 술이나마 자꾸
사 먹이니 출출한 김에 받아는 먹지만 성이 가신 일이었다.

완식이는 이것만 되면 —— 이라는 그것이 무슨 새로 나오는 회사 조
직인지, 그야말로 주린 귀신의 떡소리 듣기가 무섭게 궁금증이 나서 물
어 보고 싶었으나, 어서 나가 보라니 그저 굽실굽실 인사만 하고 나와
버렸다. 아닌게아니라 서서 똥 눌 꼬장꼬장하고 쌀쌀스러운 그 성미가
좀 실쭉하기도 하였으나, 또 그러니만큼 깨끗하고 자기 뜻에도 맞는 것
이 아닌가 하여 완식이는 제발 그 회산지 무언지 어서 되기나 합시사고
빌었다.

사랑채로 나와 보니 귀성 아버지는 금방 갔다 한다.

"그런데 여보, 귀성 아버지 그 동안 어린걸 없앴다는구려."

아내의 낯빛도 좋지 않았다.

"뭐? 그거 무슨 소리야?"

"지금 쌀을 퍼 주려니까 별안간 눈물이 글썽거려지며 훌쩍훌쩍 울지
않겠소. 굶겨 죽인 거나 다름없지 뭐요. 숨이 질 때까지 나 밥 좀 줘,

소리를 노양 입에 달구 있었다니, 어째 부모 된 맘에 쌀을 풍풍 퍼 주는 걸 보구 눈물이 안 나겠수."

아내는 목이 메는 소리로 기가 차서 주워섬긴다.

"그거 무슨 소리야!"

완식이도 오다닫다 듣는 말에 코가 맥맥하여 멀거니 섰다.

"이 추위에 천막생활을 하니 그 꼴야 보지 않아두 뻔하지만 자식을 굶겨 죽이다니!"

그 천막이나마 지난 가을에 완식이가 이리저리 주선을 해서 얻어 주어 홍제동 언덕 비탈에 엉구어 놓고 살림을 다시 차린 것이었다.

"난 그 소릴 듣구 저 쌀을 보니 원수 같구, 이 어린것들의 얼굴이 무심히 뵈지 않는구려."

완식이댁의 눈가는 귀성 아버지하고 같이 울었던지 빨갛기도 하였지만 다시 눈시울이 뜨거워졌다.

"에이, 듣기 싫어! 어서 술이나 데워요."

완식이는 소리를 빽 지르고 방으로 들어갔다. 이 날 저녁상에 놓인 김치는 쓰다 짜다 말이 없이 먹었고, 내외는 언제 싸웠더냐는 듯이 서로 은근하였다.

이튿날 완식이가 자동차부에를 가니까, 차고에서 귀성 아버지가 여전히 웃는 낯으로 내달아오면서 겁을 집어먹은 말소리로,

"여보, 어서 사무실에 좀 가 보우. 아까부터 벼락닫이가 찾는데!"

하고 서둔다. 벼락닫이란 주인 대신에 앉았는 감독 말이다. 완식이는 귀성 아버지의 서두는 눈치로 벌써 짐작이 갔으나 배짱을 부리고,

"아니, 그런데 어린걸 없앴다지?"

하고 인사부터 붙이며,

"어쩌다 그랬어? 그러기루 사람두…… 어쩌면 날마다 만나며 말 한마디가 없더람."

하고 가볍게 나무랐다.

"헤헤…… 뭐 듣기 좋은 얘기라구! 암말 말아요."

하며 귀성 아버지는 얼굴을 찡그려 보이고서,

"어제 그 사단인데 어서 들어가 봐요."

하고 재촉이다.

"그래, 뭐라구 했어?"

"뭐라긴 뭘 뭐래. 난 거기 안 쫓아갔으니까 모른다고 잡아뗐지."

"잘 했어."

완식이는 사무실로 들어갔다.

벼락닫이는 난로 앞에 걸터앉아서 신문을 보다가 들어서는 완식이를 찌루퉁한 얼굴로 힐끔 흘겨보고는 또다시 신문으로 고개를 떨어뜨리고 모른 체해 버린다.

"부르셨대죠?"

벼락닫이는 무슨 벼락을 치려고 벼르고 있는지 여전히 대답이 없다. 완식이도 추운데 오느라고 언 몸을 녹일 겸 얼마든지 이러고 있어 보자고 스토브 앞으로 다가서려니까 그제서야 고개를 쳐들고 눈을 거들떠 뜨며,

"어제 고장이 나서 늦었댔지? 어디 들어가서 고쳤어?"

하고 시비조로 말을 꺼낸다.

"길에서 고쳤에요."

"어디가 어떻게 고장이 났더란 말야!"

"엔진이 얼어붙어서 간신히 녹여 놓구 나니까……."

"뭐, 어쩌구 어째? 엔진이 얼두룩 어디 가 자빠져 있었더란 말야?"

말본새가 이따위로 나가는 것을 보니 벌써 틀렸다고 완식이는 대꾸도 하지 않았다.

"낫살이나 지긋한 사람이 아무리 운전수기루, 좀 양심껏 말을 해 봐."

어제 정미소 일을 보아주고 거의 세 시간이나 늦게 돌아와서 할 말이 없기에 핑계가 쉬우니 고장이 났었다고 해둔 것인데, 필시 누가 찔러바쳤던지 한 모양이다.

　"운전수라고 양심이 없는 건 아닙니다."

　완식이도 눈을 곤두세우고 맞섰다.

　"옳아 말 좀 해 봐."

　벼락닫이는 소리를 버럭 지르고 으응 하며 꽉 다문 두툼한 아랫입술을 삐죽이 치켜올리고 잡아먹을 것처럼 노려보다가,

　"그래, 쌀 세 가마니는 어쨌단 말야?"

하고 제 쌀이나 없어진 듯이 펄펄 뛴다.

　'하하하 ── 단서는 거기서 나서, 정미소에서 전화로 찾았던지 한 게로구나.'

하는 짐작이 들자, 완식이는,

　'에라, 이왕이면 말은 바른대로나 하고 보자.'

하고 배짱이 나서 태연히 입을 벌렸다.

　"세 가마니거나 말거나, 한 가마니는 운임으로 만 환금에 분명히 받았습니다. 삼천 환이라두 싼 맛에요."

　말이 떨어지기가 무섭게 벼락닫이는 손에 든 신문을 팽개치며 벌떡 일어나서 곧 손이 올라갈 듯한 자세로,

　"이자식아, 그것두 말이라구 해? 이놈아, 너 새치기루 벌이해 먹으라구 비싼 기름 쳐서 차를 내맡겼다던?"

하고 방 안이 떠나가게 소리소리 지르고는,

　"이 날도둑놈아, 나가, 당장 나가! 눈꼴이 신 그 아니꼬운 꼴을 참구 그대루 내버려 두었더니 찐 듯싶으냐?"

하며 정말 덤비려 든다.

　"나가지 말래두 나갈 테야. 밀린 월급이나 내요. 셈 닦읍시다."

완식이는 훌쩍 나와 버렸다. 그 솥뚜껑만한 손만 보아도 얼른 피해 버리는 것이 상책이었다. 욕을 먹는 것은 분하지만, 이놈의 운전수 소리를 언제나 면하나 하고 노심해 오던 완식이는 의외로 간단히 규정이 난 것이 시원하고 몸까지 홀가분해진 것 같아서 개선장군이나 된 듯 어깨를 떡 벌리고 뚜벅뚜벅 걸어나오려니까, 저편 버스 옆에 몰려섰던 젊은애들 축에서,

"여보, 운전수 두락구 운전수."

하고 부르는 소리가 난다. 완식이는 주춤하고 발끈해서 소리나는 데를 쏘아보다가 이제는 간신히 면했다고 생각한 그 지긋지긋한 운전수 소리가 귀에 거슬려서 소리의 임자가 누군지도 모르고,

"이 자식아, 네 애비가 운전수라두 운전수 운전수 하고 부를 테냐?
나도 어엿한 성명 삼자가 있다! 난 전완식이야."

하고 소리를 고래고래 질렀다. 소리를 기껏 치고 나니 속이 후련하고 상쾌하다.

"아, 전 주사! 그러지 맙시다. 고정하슈."

젊은 아이 하나가 손에 편지인지 종이조각을 들고 웃으며 뛰어온다.

"전 주사, 아니 전 선생, 이거 무슨 글자요?"

하고 편지를 펴들고 손가락으로 짚는다.

"응, 겸할 겸, 그리구 그 다음은 갖출 비 자의 초서야, 재색이 겸비라,
오오 장가들게 됐구먼? 중매 들어 주마는 편지 아닌가? 허허허."

"하하하, 선생님이라 다르시구먼!"

청년은 연해 감탄을 한다.

"그래, 이후부터는 전 선생이라구 해. 그런데 얼굴이 환해서 연해 웃는 걸 보니 장가는 꼭 들게 된 모양인데, 이왕이면 운전수 집어치우구 돈 많이 벌어 가지구 가라구. 적어두 한 달에 한 가마니씩은 척척 들여 놓구 살게 돼야 하지 않겠나? 허허허."

완식이는 흥분 끝에 이런 소리가 저절로 나오는 것을 제 귀로 들으며, 내가 쌀에 이렇게 상정이 된 것을 보면 내 머리도 돌았나 보다고 속으로 웃었다.

거리로 나선 완식이는 의기양양하였다. 이놈의 곳에서 발을 빼고 나오는 길에 글자 하나라도 가르쳐 주고 가는 것이 무슨 큰 좋은 일이나 하고 가는 듯싶어서 유쾌하였다.

"아 형님, 어딜 가슈?"

귀성 아버지 생각은 깜박 잊어버리고 이만큼 오려니까 뒤에서 쫓아오며 부른다.

"아 참…… 그런데 나 지금 그놈하구 싸우구 그만두기로 했어."

"옛?"

이 호인인 젊은 사람은 깜짝 놀라서 멀뚱히 무슨 생각을 하고 섰다가,

"그럼 나두……."

하고 어린애처럼 입가가 뒤틀린다.

"주책없는 소리! 나두가 뭐야. 죽은 아이 생각을 하기루……."

하며 완식이는 기가 막혀 나무랐다.

집에 돌아와서 몸이 아파 왔노라고 뒤집어쓰고 누워 보았으나 살아 갈 걱정에 잠이 올 리 없었다.

저녁때 출입하였던 주인 영감이 들어오다가 완식이의 목소리가 나는 것을 듣고 들여다보더니,

"섭섭하게 됐네만 틀렸어. 내 그런 줄 알았지만 왜 일전에두 말하지 않던. 자네 성이 유표해서 전가라니까 첫째 민통당의 전충식이와 어떻게 되느냐구 묻기에 벌써 틀렸구나 했더니, 아까 그 전화로 첫 대꾸가, 전충식이와 재종간입니다그려…… 하는구면, 그만하면 알 게 아닌가. 허허허……."

하고 영감은 장황히 설명하려 하지도 않았다.

"하는 수 없죠. 저희는 전씨 문중에서 유수한 정치가가 났다구 중시조나 난 듯이 덕을 보려 했더니, 이런 데서 걸릴 줄은 몰랐습니다그려."

완식이는 낙망이 되면서도 헛웃음을 쳤다.

"아 또 누가 아나, 득세하면 덕을 볼지. 허허허."

하고 영감은 들어갔다.

"엥, 그놈의 운전수 소리 언제나 안 듣구 살아 볼려누!"

완식이는 어쩌다 자동차 기술을 배운 덕택으로 어엿한 상업 학교 졸업증을 가지고도 취직이 이렇게 안 되노 싶어 새삼스레 또 짜증을 내었다. 완식이는 일제 시대에 갑종 상업 학교를 나왔으나 나이 사십을 바라보니 취직이 만만할 수도 없었다.

"그까진 소린 해 뭘 하우. 직업이란 한번 발목 잡히면 그렇게 쉽게 빼날 수 있답니까?"

쌀가마니가 공짜로 들어온 것에 맛을 들여서, 그놈의 운전수 집어치라던 아내도 할 만한 생활인데 왜 넌더리를 낼 게 뭐냐는 말이다.

"잠자쿠 있어, 발목만 잡혔어야 말이지? 올개미를 씌워서 질질 끄는 것두?"

완식이는 울화가 터져 소리를 빽빽 질렀다.

"그렇기루 말하면 어느 직업은 안 그렇게! 그러지 말구 아주 농사나 지어 쌀 나는 나무를 심읍시다그려."

아내는 독에 쌀이 그들먹하니 태평으로 새새새 웃는다.

# 굴레

## 1

비는 뜸하였지마는 벌써 통행금지 시간이 가까워 오는데, 영감은 어디서 비에 막혔는지 들어오지 않는다. 비에 막혔기로 택시만 집어타면 그만일 텐데⋯⋯ 아무리 생각해도 알 수 없는 일이다. 도대체 저녁밥을 나가 자시는 일이 없고, 별로 사랑 소일을 하러 다닌다거나 친구 교제가 넓은 것도 아니니, 그저 출입이래야 아침 저녁에 소풍 삼아 배우개 장에 나가서 물정도 보고 한 바퀴 휘돌다가, 대개는 반찬거리나 사 들고 들어오지 않으면, 취대*나 너더댓 채 가진 집의 세전이 밀리면 그것을 채근하러 다니는 따위의 볼일쯤밖에는 없는 영감이다. 오늘도 서퇴*가 되자 의관을 하고 나서기에 철원집은,

"다 저녁때 어디를 가시는 거요? 요새 또 공고를 치르러 다니는 데가 생긴 게 분명하지!"

하고 비꼬면서 내보내지를 않으려는 생각도 들었으나, 장에 가서 민어

* **취대**(取貸) 빚놀이.
* **서퇴**(暑退) 더위가 물러감.

나 한 마리 사다 먹을까 하며 어쩌고 어름어름하기에 그대로 내버려 두
었던 것인데, 정말 민어를 사 가지고 어느 년의 집에를 가서 민어 국수
나 민어회를 먹느라고 이렇게 늦는지, 철원 마누라는 모기장 속에 혼자
누워서도 얼밋거리는 시계만 쳐다보며 귀를 대문간으로 모으고 있었다.

열한 시를 땡 땡 친다.

"……흥! 아무래두 또 병통이 단단히 난 거야!"

철원집은 혀를 끌끌 차며, 고갱이 바람으로 모기장 밖을 나와 문지방
밑으로 다가앉아서,

"아범은 들어왔니?"

하고 아래채에 소리를 쳐 본다.

"안 들어왔어요."

며느리가 툇마루로 나서며 대꾸를 한다.

"열한 시를 쳤는데 모두 붙들렸단 말이냐? 젊은것두 못된 건 닮아서……."

하고 마누라는 아들마저 난봉이 났다고 또 혀를 차며 담배를 붙인다.

"더위에 잔뜩 들어앉았어두 성이 가셔요. 어련히 들어올라구요."

며느리는 영감을 하도 바치며 꿈쩍을 못 하게 하는 시어머니가 못마 땅해서 이렇게 대꾸를 하며,

"그런데 아버니께선 웬일이세요?"

하고 불도 끄고 컴컴한 건넌방을 바라본다.

"정녕, 그년을 또 얻어다가 끌어다 논 거지! 민어를 사 들구 그년의 집에를 가서 민어회에 관객이 된 거라! 늙은 게 마지막 기를 쓰느라 구…… 저러다 며칠 못 살구 거꾸러질려구!"

마누라는 영감의 방까지 미운 듯이 건넌방을 흘겨보고는,

"그래두 너희는 짐작이 있을 게지? 그렇게 모를 리가 있니."

하고 또 이런 소리를 꺼내었다. 그년이란 작년 겨울에 숨어 사는 것을 기어코 발견해 내서 세간을 짓부수고 헤어지게 하였던 개성집 말이다. 이래저래 이 늙은 내외는 점점 더 버스러져서 올 봄부터는 방을 각각 쓰게 되었지만, 각방을 쓰게 되자 어디를 가는지 영감의 낮 출입이 잦 아가고, 보약은 전부터도 먹던 것이라 하더라도 온 여름내 약이 떠날 날이 없으니 이런 것도 의심스러워 늘 들컹거리는 조건이 되었다. 그것 은 고사하고 요새 와서는 아들 내외더러 눈치를 챈 것이 있을 터이니 알려바치라고 조르는 것이었다.

"밤낮 들어앉았는 제가 무얼 알겠어요."

며느리는 언제나 하는 똑같은 대답을 하는 수밖에 없었다.

"그만둬라. 내일은 내가 나서 볼 거다. 이놈의 늙은이가 자기 손으로 제물에 광중*을 파 놓고 들어가 누워서 콧노래를 부르고 자빠졌다마는, 자기를 하루라두 더 살리려구 그러는 줄은 모르구……."

마누라는 아랫입술을 악물며 성미가 부르르 났다. 올해 쉰넷이라 하여도 머리 하나 세었을까, 전등불 밑에서 보면 분이라도 바른 듯이 부옇고 피둥피둥한 얼굴이 이젠 한 사십쯤 된 성싶다. 사실 날마다 분세수도 하고, 영감이 어름어름 달래서 아들의 식구를 아래채로 내려쫓고 건넌방으로 옮아간 뒤부터는 웬일인지 몸가축도 전보다 더하는 마누라였다. 물론 마누라가 안방에서 영감을 떼민 것은 아니었다. 육십이나 되는 늙은이가 마치 젊은 애들처럼 보약 먹겠으니 딴방 쓴다는 말도 우스운 말이었지마는, 영감은 하여튼 그런 핑계로 슬며시 안방을 빠져나간 것이었다. 마누라가 보기 싫게 늙어 가는 것도 아니요, 영감을 지성껏 아껴 주는 것이 마음에 안 드는 것도 아니다. 이십여 년이나 보아 온 그 거벅스러운 얼굴이 이제는 싫증도 나거니와, 그보다도 젊었을 때에 지지 않게 —— 아니, 젊었을 때보다도 한술 더 떠서 툭하면 입이 부어 가지고 자리에 누웠다가도 일어나 앉아서 남 잠도 못 자게 옆에서 까닭없이 찡얼대고 들볶고 하는, 그 생강짜에는 웬만큼 넌덜머리가 나서 마루 하나 격해서나마 피접*을 나왔던 것이다. 그러나 마누라의 감독이 나날이 더 심해 가고, 그 잔소리에는 세어 가는 머리가 빠질 지경이었다.

대문이 찌걱 하는 소리에 행여 영감인가 하고 마누라는 눈이 번쩍하였으나, 덜거덕거리며 문을 잠그고 아들이 들어온다.

"아버니 안 들어오셨어?"

아들은 뜰에서 풍기는 아내의 말에 예사로이 대꾸를 하고, 제 방으로

---

* 광중(壙中) 시체를 묻는 구덩이.
* 피접(避接) 앓는 사람이 장소를 바꾸어 요양함.

들어가려 한다. 방문턱에 앉았던 모친은 아들이 걱정을 아니 하는 말눈치에 또 의심이 번쩍 났다.

"너두 아버지 따라 그년 집에 가서 민어국 얻어먹구 오니?"

하고 모친은 비꼬아 보았다. 아무래도 아들놈까지 부친에게 돈 얻어쓰던 맛에 부친의 비밀을 알고도 어미에게까지 속이는 것만 같았다.

"난 몰라요."

아들은 무슨 말인지 모르겠으나 부친이 숨어다니다가 이제는 아주 터놓고 개성집에게 가서 자는 것이고나 하는 짐작만은 들어갔다. 부친이 개성집을 다시 데려다가 냉동에 새로 배포를 차려 놓은 것이 벌써 올 봄 일인 것은 누이에게 들어서 아는 일이나, 어머니의 그 성미가 무서워서 남매는 입을 봉하기로 짰던 것이다.

"그만둬라. 돈이 무언지, 돈만 있으면 자식두 매수를 하는가 보더라마는 난 돈 없다든? 다시는 내게 돈 달라구 손을 내밀어 봐라!"

모친은 입을 삐쭉하였다. 사실 철원집은 철원집대로 집과 땅을 나누어 가지고 있기도 하였지마는, 이십여 년을 이 영감과 사는 동안에 구미구미 모아 둔 봉창돈으로 지금 빚놀이에 풀어 논 것만 해도 상당한 것이었다.

아들은 껄껄 웃다가,

"그러지 않아도 한 만 원 내일 쓸 데가 있는데, 운동비로 만 원만 내노세요. 사람을 내세워서 알아 드릴께니요."

하고 제 방으로 들어간다.

"너, 저번 봄에 집 파시구 어디 다시 사신 것 알겠구나?"

"모르죠."

영감이 집 시세가 떨어질 때까지 아직 사지 않겠다는 말을 그럴 듯이 들어오면서도, 새집을 사거나 혹은 세놓아먹는 집 중에서 한 채가 비어 개성년이나 어떤 년을 들여앉혔으려니 하는 의심이 늘 떠나지를 않던 터이라, 내일은 그 집들을 모조리 뒤져 볼 작정이나, 숨어 살자면 새집을 샀으려니 싶은 것이다.

아들 식구가 제 방으로 들어간 뒤, 마누라는 자기 열쇠 꾸러미를 꺼내들고 영감 방으로 건너갔다. 지금 들어 있는 이 집문서는 자기가 맡아 있지마는, 다른 것은 영감이 손금고에 넣어 둔 것을 잘 아는 터이라, 그것을 맞은쇠질을 해서 꺼내 보자는 생각이었다. 그러나 양복장 아랫서랍은 맞은쇠질로 단박에 열고 그 속에 둔 손금고를 꺼냈으나, 이것만은 맞는 쇠가 없다. 머리맡의 책상 서랍에 두고 다니는 영감의 열쇠 꾸러미를 꺼내자면 책상 서랍 두 개를 얼러서 거멀을 하고, 조그만 백통 맹꽁이자물쇠로 채워 놓았으니, 이 맹꽁이자물쇠가 또한 문제다. 영감이 오늘 나가서 잔 이 중대한 '죄'를 생각하면, 책상을 도끼로 쪼개고 열쇠를 꺼내기로 영감이 꼼짝 못하고 큰소리 한 마디 못할 것이지마는, 그래도 물건이 아까워서 재봉틀의 나사못 빼는 것을 가져다가 거멀의 나사를 빼기 시작하였다. 나사 두 개를 빼고 우선 오른편 서랍을 열고 보니, 만 원 뭉치가 여남은 꼭꼭 늘어놓인 앞에 열쇠 꾸러미가 들어 있다. 그까짓 돈은 눈도 아니 떠 보고 열쇠 꾸러미를 집어내면서, 마누라는 무심코 귀를 대문 있는 편으로 기울였다. 설령 영감이 들어와서 들킨대야 무서울 것은 조금도 없지만 텅 빈 대청에서 깊어 가는 밤중에 혼자 이런 일을 꾸물꾸물하고 있는 것이 무슨 도둑질이나 하는 것 같아서, 본능적으로 잠깐 흉측스럽고 무서운 생각도 드는 것이었다.

손금고를 열고 이 봉투 저 봉투를 꺼내 보는 중에 집문서가 나왔다. 까막눈의 마님이라도 집문서는 늘 보아서 알았다. 그것은 고사하고 문서가 다섯 장인데, 마누라는 우선 시앗의 머리채나 붙든 듯이 속으로 허 하고 반색을 하는 것이었다. 다섯 채에서 한 채를 팔았으면 넉 장이 있어야 할 터인데 다섯 장이란 말이다. 새집 한 채를 또 사 놓고도 속인 것은 뻔한 노릇이다.

"애, 애 어멈아, 좀 올러온."

아랫방에다가 소리를 쳤다. 날짜는 알아볼 수 있어서 겉짐작으로 새 집 문서를 골라잡기는 하였으나 동리 이름을 알 수가 없으니 며느리를 불러내는 것이었다. 벗고 누웠던 며느리가 꾸물거리고 나오는 것을 기다리기가 갑갑하였다.

"이것 좀 봐 다우. 어디냐?"

"냉동이군요."

며느리는 집문서를 받아들고 속으로는 웃으며 대답을 하였다.

"삼월에 산 거지?"

"네."

"그것 봐! 삼월에 사 놓고 그 집 값 치르느라구 한 채를 판 것일 텐데, 어저께까지두 집은 안 샀대지 않으시던. 그 혓바닥부터 빼놓을라!"

마누라는 종이쪽지를 다시 받아서,

"냉동 ××번지!"

하고 번지수를 똑똑히 들여다보고는 다시 봉투에 넣으며, 며느리더러는 책상 서랍의 나사못을 다시 박으라고 일을 시킨다.

"그런데 그거 뭐예요?"

며느리는 나사를 박으며, 영문을 도무지 모르는 듯이 묻는다.

"어림없는 너 같은 소리두 한다. 어떤 년인지 이번에는 내가 데려다가 실컷 부려두 먹구, 말려 죽이련다!"

마누라의 목소리는 덜덜 떨리었다.

2

자정이 넘어 자리에 누워서, 네 시를 치고 동이 틀 때까지 그 너덧 시간이 왜 그리 지루한지, 하룻밤 새에 철원집은 그 부풀부풀한 얼굴이

다 까칠해지고, 잠을 못 잔 눈은 핏발이 서고 퀭하였다. 세수를 부리나케 하고 옷을 갈아 입고 다섯 시가 되기만 기다리고 앉았다가, 땡 소리가 나자 자는 며느리를 깨워 놓고 철원집은 팽이같이 나섰다.

여기 연건동에서 냉동까지면 서대문까지 전차를 한 구역은 타야 한다. 게다가 생전 이름도 들어보지 못하던 동리여서 찾기에 거진 두 시간은 걸렸다. 이른 아침이라 이런 골짜기에는 대문 열어 논 데도 드물지마는, 행인도 급급히 공장에 나가는 사람 아니면 해장국집이나 가는 사람들뿐이다. 그래도 큰길 가게에서 대중치고 일러 주는 대로 뺑뺑 돌아서 어쩐 둥 비슷한 번지를 찾아 놓고 더듬으려니까, 문패도 번지도 없는 집 한 채가 나타났다. 아래윗집 번지로 보아 분명 그 집이요, 금방 영감의 기침 소리가 나는 것만 같았다. 그러나 덮어놓고 문을 흔들었다가 개성집 같으면야 모르거니와, 코빼기도 못 보던 젊은 년이 나와서 시침을 뚝 떼고, 그런 이는 모른다고 잡아떼면 남의 집에 들어가서 안방을 뒤져 보자나? 조급한 생각을 하면 당장에 뛰어들어가서 자리에 나자빠졌는 영감의 목을 그대로 눌러서 썩썩 비는 꼴을 보고 싶으나, 아무리 부푼 성미의 철원집도 마지막 판에 설불리 서둘렀다가는 물 위에까지 끌어낸 고기를 낚시째 떠내려보내는 수도 있으니 싶어 신중을 기하여야 하겠다고, 옆집 문전에 몸을 비켜서서 영감이 나올 때만 기다리기로 하였다. 영감이 나오지 않더라도 옆집에서 누구든 얼굴을 내밀면, 저집 동정을 물어 볼 수도 있으려니 싶어 어쨌든 섰는 것이다. 그러자 마침 뒤에서 대문이 삐걱 열리는 소리가 나며, 젊은 아낙네가 수수비를 들고 나온다.

"아씨, 저 집 성씨가 뭔가요?"

철원집은 반색을 하며 말을 붙였다.

"두 가구가 사는데…… 안집은 김씨라든가요?"

아낙네는 꾸부리고 비질을 하기 시작한다.

"네, 그 김씨가 노인네죠?"

"그런가 봐요."

옆집 아낙네는 그제서야 무슨 짐작이 드는 일이 있는지, 비 든 손을 쉬고 철원집의 무엇에 몰려온 것 같은 당황한 나이 먹은 얼굴을 갸웃이 쳐다보는 것이었다.

"주인댁은 노상 젊죠?"

"네. 애 어머니는 이제야 첫애로 요전에 돌잡이를 했는데요."

철원집은 '첫애'라는 말에 입이 뒤둥그러졌지마는, 요전에 돌을 잡혔다는 말에는 목구멍이 콱 막혀서 꼭 닫힌 문전만 흘겨보다가, 비질하는 아낙네는 내던져 두고 단걸음에 문전까지 뛰어들어갔다. 문을 흔들려고 떼미니 찌걱 하고 힘없이 열린다. 문이 열려 있는 것을 보고,

'……이놈의 영감 벌써 집으루 온 게로구나!'

하는 생각이 든다. 막 밝자 뛰어나선 것은 현장에서 영감을 붙들고 그 자리에서 요정을 짓자는 것이었는데, 집 찾느라고 거래를 하는 동안에 놓쳐 버린 것이 분하다. 하여간 중문을 들어서 안마당으로 곧 들어서려니까,

"허, 어디를 갔다가 왜 이제야 오는 거요?"

하고 마루에 노란 구두를 신은 채 걸터앉았던 영감이 반가운 손님이나 기다리고 앉았었다는 듯이 껄껄 웃는다.

딴은 육십이나 된 노인이 흰 양복에 파나마를 머리에 얹고, 캥캥한 편이나 정력적인 동안에 혈색이 아직도 좋고, 젊어서는 난봉깨나 피웠을 성싶지마는, 세상에 어려운 것을 모르고 한평생을 지냈으니만큼 늙어도 버젓이 주짜를 빼고* 남에게 굽히려 들지 않는 고집이 있어 보였다. 그러면서도 또 한편으로 무턱대고 호인인 듯한 어설프고 뼈진 데가

---

\* 주짜를 빼다  난잡하게 굴지 않고 짐짓 조촐한 태도를 보이다.

없이 느슨한 데가 있기도 하였다.

"이 망종아!"

마누라는 하도 어이가 없어서 뜰 한가운데 딱 서서 외마디 소리로 '이
망종아!'를 불러 놓았으나, 끓어오르는 분기에 말이 탁 막히고 말았다.

"아, 어제는 철원 최 참봉을 만나서 새집 들었으니 집구경을 가자구
끌기에 잠깐 앉았다 온다는 것이 술상이 나오구 비가 쏟아지구 하는
바람에 좀 과음을 했거든……."

하며 영감은 축대로 올라오려는 마누라를 가로막듯이 같이 가자고 마
주 내려선다.

"응, 다 알았어! 그래 안방의 최 참봉 영감을 좀 만나러 왔어."

"글쎄, 내 말 들어 봐요. 그래 거기사 쓰러졌다가, 막 밝자 집에를 들
어갔더니 마누라가 여기는 왜 찾아나섰는지 왔다기에 뒤쫓아온 것인
데 내가 먼저 왔구면. 어서 갑시다. 이 집은 내 친구한테 빌려 준 거
야."

마누라의 팔을 정답게 끼며 끌고 나가려니까 철원집은 뿌리치며,

"응, 알았어! 난 그 '친구'를 만날 일이 있어 왔다니까……."

하고 그 뚱뚱한 몸집이 축대로, 마루로 신발을 신은 채 비호같이 뛰어
올라가더니, 안방문을 화닥닥 열어 젖혔다. 아직 걷지 않은 모기장 속
에는 큼직한 요 하나에 베개가 둘이 나란히 놓였고, 옆에는 어린애 요
와 홑이불들이 널려 있으나 방 안은 텅 비었다.

"네깐년이 숨었으면 어딜 숨구, 달아났으면 어디루 달아났겠니!"

철원집은 그 자리와 베개에 한 번 더 눈이 뒤집힐 것 같으면서 여전
히 신을 신은 채 뛰어들어가서, 모기장을 휘어밀고 다락문을 열어 보았
다. 역시 사람은 눈에 안 띄고, 너저분한 잎딕에는 눈에 익은 영감의 손
가방이 놓여 있다. 마누라는 가택수사에 물적 증거를 잡은 듯이 한층
기가 나서, 묵직한 가방을 들고 한 귀퉁이가 떨어진 모기장을 짓밟으며

서창을 밀치고 내다보았으나, 역시 계집의 그림자는 간 데 없었다.

"아주 마음놓고 돈을 한 가방씩 실어다 놓구 쓰는구나!"

하고 가방을 보면 영감도 더 앙탈은 못 하려니 하는 생각으로 들고 나오던 가방을 마루 끝에다가 탕 내어던지며 쭈르르 건넌방으로 내달다가 뜰아래를 힐끔 보니, 거기 섰을 영감조차 없어졌다. 아랫방에서는 나이 지긋한 여편네가 나와서 화로에 불을 피우는 모양이다.

"응? 이눔의 영감마저 들구뛰었구나! 어디루 갑디까?"

마누라가 단걸음에 뛰어내려오며 묻자,

"지금 두 분이 나가시던데요."

하는 아랫방네의 대답도 채 들을 새 없이 문 밖으로 달음질을 쳐 나왔다.

너희들이 갔으면 얼마나 갔으랴 하고 헐레벌떡 큰길까지 나왔으나, 위로 갔는지 아래로 갔는지 이제는 해가 퍼져서 사람이 우글거리니 좀처럼 찾을 가망도 없을 것 같다. 그러나 하여간 감영 앞 전차 정류장까지 내려가 보리라 하고 달음질을 치자니까 아랫골목에서 하얀 양복에 파나마를 쓴 영감의 그림자가 쓱 나타나며 마침 지나는 택시에 손을 들다가, 마누라가 대엿 간통 위에서 허덕허덕 내려오는 것과 눈이 마주치자 멀쑥해서 들었던 손을 떨어뜨리며 허허허 웃어 버린다. 마누라는 이때처럼 영감이 대끝까지 밉고도 반가운 때는 없었다.

아이를 업고 뒤를 따라나오던 개성집은 자리옷을 입은 채니 주제도 꾀죄죄하였지마는, 골목 모퉁이에서 철원집과 얼굴이 딱 마주치니 고양이 만난 쥐였다. 작년 겨울에 지독한 서리를 맞아 본 경험이 있는지라, 얼굴이 해쓱해지며 입술이 까맣게 탔다.

"이년아, 그래두 혼이 덜 난 게로구나? 젊으나 젊은 년이 세상에 서방이 없어 저런 늙은이한테 또 기어들어?"

거리가 아니면 곧 머리채를 휘두를 형세다. 영감도 단념하고 택시를 보낸 뒤에 마누라를 달래며 골목으로 다시 끌고 들어섰다.

# 3

"너 밤에는 젊은 서방이 자구 나가면, 낮에는 늙은 서방이 다녀가구 팔자 좋더라. 동넷집에서 들어 내 다 안다."

마당에 들어서기가 무섭게 철원집은 개성집의 머리 쪽지부터 휘어잡고 맴을 돌렸다.

"늙은 서방 등골을 뽑아서 얼른 죽게 해야 집 한 채라두 어서 생기겠다는 거지? 요눔의 새낀 뉘눔의 새끼냐? 그 잘났다, 영감 쏙 빼 썼구면."

아랫방네가 하도 딱해서 업힌 아이를 풀으라고 하여 아랫방으로 받아들여가는 것을, 철원집은 앗아서 동댕이라도 치려는 듯이 펄펄 뛰는 것이었다.

"그만 고정하세요. 애 어머니두 불쌍해요. 무슨 욕심이 있는 거 아니구, 이 애기 하나 때문에 영감님을 또 모시는 거지…… 애 어머니두 마음씨가 무던해요."

아랫방네가 개성집의 역성을 드는 것이었다. 그 말에 꿀먹은 벙어리처럼 부엌문 밑에 얼굴이 파래서 섰던 개성집은 눈물을 주르륵 흘렸으나, 철원집은 한통속이 되어서 방에다가 감추어 두었다가 달아나게 하고 역성을 들고 하는 것이 밉고 분하여서, 개성집과 어떻게 되는 일가 붙이나 되느냐, 한통이 되어서 어수룩한 영감을 빨아먹기로만 위주냐고 이번에는 아랫방네와 맞붙어서 또 한바탕 악다구니가 벌어졌다.

영감은 이것을 뜯어 말리기에도 진땀을 뺐으나, 언제처럼 세간을 또 들부술까 봐 무서워서, 마누라가 하자는 대로 둘이 같이 나가서 이삿짐꾼을 불러다가 당장에 짐을 내어실렸다. 그렇게 못 떨어지겠기든 함께 들어가서 살자는 것이다.

"……어림없는 소리!"

영감은 속으로 코웃음을 쳤으나, 마누라 성미를 뻔히 아느니만큼 하루라도 함께 사는 수도 없지마는 그렇다고 들어가자는 것을 못한다고 할 용기도 없고, 또 그랬다가는 개성집이 더 얻어맞고 볶일 것이 애처로워서 허허허 하고 안 나오는 웃음만 웃고 앉았다.

"육십이 되도록 계집의 궁둥이나 줄줄 쫓아다니구, 집 세전이나 쩔쩔 거리구 다니며 받아다가 저년의 아가리로 퍼붓고 앉았다가 죽으려는 거지? 이 딱한 늙은이야, 며칠을 살겠다구 기를 쓰는 거야? 정신을 좀 차려요."

짐을 다 실어 놓고 직성이 좀 풀리니까, 철원집은 담배를 피워물고 마루 끝에 앉아서 영감을 타이르는 것이었다.

"임자는 내 뒤나 밟아다니면서 시앗 샘하느라구 이가 다 빠져 오물할 미가 되었습니까……? 저 기승이 앞으루 몇 해나 남았을꾸……."

영감의 말에도 한숨이 섞였다.

"내 이 탓은 왜 해. 내 이하구 살았던감?"

마누라는 근년에 낙치가 심하여 전부를 다시 해박고, 더 젊어진 듯이 혼자 좋아하고 잇속 자랑을 하는 것이었다.

"피차에 다 늙으니 기승 고만 떨구 좋두룩 지내잔 말야."

"누가 할 소린지!"

마누라의 말소리도 한풀 꺾여서 구슬프게 들렸다. '육십'이니 '늙게'니 하는 말이 새삼스럽게 쓸쓸히 들려서 피차에 적막을 똑같이 느끼는 것이었다. 늙은 두 양주의 눈은 무심코 부엌문 앞에 섰는 개성집에게로 갔다. 수심에 싸여 맥을 놓고 섰는 꼴이 가엾다는 생각도 똑같이 들었으나, 그 토실토실한 두 볼을 아름답게 보면 부러운 마음도 일반이었다.

연건동 집으로 짐을 날라다 놓고, 건넌방은 개성집에게 내주라는 마누라의 분부대로 영감이 다시 안방으로 이사를 갔다. 영감은 마누라의 쭉 고른 잇속과 유들유들한 얼굴을 자나깨나 다시 마주보고 앉았어야

하는 것은 고사하고, 잠시 한때 몸도 마음대로 놀릴 수 없이 마누라의 감시가 어찌나 심한지,

"……이거 감옥살이보다 더 호되구나!"

하고 영감은 울화가 뻗치는 것을 꾹 참고 마누라의 비위 맞추기에 전력을 다하였다. 개성집은 개성집대로 입은 봉하고 몸은 부지런히 놀리니 마누라의 잔소리도 차차 줄어들고 젊은것들의 동정도 샀다. 그러자 냉동집을 딸에게 주자는 의논이 마누라 입에서 나왔다.

"아무래도 좋지."

어차피 지금 들어 있는 딸의 집도 자기가 사 준 것이니, 간살이 크고 얌전히 손질을 하여 놓은 애첩의 집을 바꾸어 주기는 아까운 생각도 드나 마누라의 뜻을 거슬린다는 것은 차제에 금물이었다.

개성집이 이리로 옮아온 지 한 열흘 지나서 딸은 동대문 밖 경마장 앞에서 서대문 밖으로 이사를 갔다. 이 날 마누라는 영감이 점심 후에 시장에나 가서 한 바퀴 돌고 들어오겠다고 나간 틈을 타서 며느리에게 개성집 단속을 단단히 일러 놓고 딸의 집 드는 것을 보러 시급히 냉동으로 갔다. 영감은 영감대로 시장을 돌면서 굴비니, 암치니 고기니 늘 하는 버릇으로 반찬거리를 한 묶음 사 들고 들어왔다. 들어와 보니 마누라가 없다. 금시로 집 안이 환하고 기죽을 펼 것 같고, 건넌방을 마음 놓고 들여다보는 것만 해도 사람이 살 것 같다.

"어떻게 해요? 난 개성으로 갈 테예요."

개성집은 자는 아이 앞에 앉아서 푸새를 만지다가, 애원하듯이 쳐다보며 생글 웃어 보인다. 이 집에 온 뒤로 처음 말을 붙여 보는 것이요, 몇 해 만에 보는 듯싶은 귀여운 웃음이었다.

"응, 가만 있어. 갈 데가 있으니 옷을 넌지시 갈아 입구 있어."

영감은 이 한 마디만 남겨 놓고 풍우같이 나가더니 조금 있다가 들어와서 다짜고짜 아랫방에 대고,

"애, 아랫방 아가, 건넌방 애 에미는 세 시 차루 개성으로 내려보내련다. 너 어머니가 있으면 또 이러니저러니 말썽스러우니까 없는 틈에 보내 버릴 작정이다."

며느리는 시어머니의 당부도 있어서 무슨 야단을 만날는지 겁도 나지마는, 시아버지가 하는 일을 —— 더구나 자기 첩을 보낸다는 것을 가로막고 나설 만한 일은 못 되었다. 이불보퉁이와 옷보퉁이를 거들어 급히 뭉뚱그리다가 밖에 기다리고 있는 택시에 실려 세 식구를 훌쩍 떠내보냈다. 그 동안에라도 마누라가 달려들까 봐서 겁을 벌벌 내던 영감은 차가 움직이기를 시작하니, 웃음이 저절로 떠올랐다. 벌써 열흘을 두고 궁리궁리하여 놓은 계획이 이렇게 손쉽게 단행된 것만 다행하였다.

비가 축축이 오는 날이었다. 벌써 옥양목 적삼을 입을 때니 늦장마 끝의 가을비였다. 철원집은 우산을 받고 경마장 앞 예전에 딸이 살던 집을 찾아와서, 안으로 걸려 있는 앞대문을 삐걱삐걱 흔들어 보고는 문 틈으로 마당을 들여다보았다. 쓸쓸하니 물에 젖은 검부러기가 뒤널린 마당에는 빗방울만 처량히 듣고, 인기척 하나 있을 리 없었다. 철원 마누라도 쓸쓸히 생각이 들었다. 그래도 뒤로 돌아서 부엌 뒤에 난 판장문이 그대로 잠겨 있나 돌아보러 왔다. 역시 떠나던 날 딸이 잠가 두었다는 맹꽁이 자물쇠가 그대로 덩그렁하니 매달려 있었다. 이 집이 —— 그년의 자식은 왜 그리 주줄이 많이 달렸는지, 올망졸망한 사오남매가 온종일 드나들며 떠들썩하고 살던 딸의 집이었거니 하는 생각을 하면, 철원 마누라는 마음이 더 쓸쓸하고 우산 위에 듣는 빗소리조차 조용한 골짜기에 유난히 구슬피 들렸다.

철원 마누라는 또 공연히 헛애만 썼구나 하는 생각을 하며 터벅터벅 돌쳐섰다.

영감이 개성집을 보낸다고 나간 뒤에 벌써 사흘이 되어도 집에는 얼씬도 아니 하니, 애꿎은 며느리 탓만 하고 혼자 집 속에서 법석을 해 보앉었어야 숨어 버린 영감이 나올 리가 없었다. 생각다 못하여 어제, 오늘 이렇게 나서서, 다섯 채의 집을 모조리 뒤지고 다니는 판이었다. 개성으로 보낸다는 말이 빨간 거짓말인 것이야 처음부터 안 일이지마는, 그래도 설마 늙은이가 계집을 꿰어차고 도망질을 할까 싶었던 것이다. 또 도망을 쳤기로 무어 지질한 본가라고 개성까지 쫓아갔을 리는 없고, 시내에서 여관 같은 데 하루 이틀 숨어 있었기로 요새 같은 비싼 여관비를 물고 있을 그런 영감도 아니었고 보니, 또 어느 집으로나 한 채 치우고 들었을 것이라고 찾아나선 것이었다. 그러나 네 채는 다 소리 없이 들어 있었다. 그러면 빈 집이니 당장 발각은 나더라도 딸이 살던 이 집에나 와 있을까 하고 마지막으로 비를 맞아 가며 나와 본 것이었다.

"갔에요? 갔에요?"

다락문을 방긋이 열어 놓고, 간이 콩알만해져서 어린것에게 젖을 물리고 앉았던 개성집이 소리를 죽여 묻는다. 앞문이 삐걱삐걱하는 소리에 다락으로 기어오르고, 영감도 따라올라가 숨으려다가 앞뒤로 망을 보며 뒷문 곁으로 난 안방 들창 밑에 매달려 숨을 죽이고, 유리구멍으로 마누라의 차차 멀어져 가는 쓸쓸한 뒷모양을 바라보며 섰는 것이었다. 마누라의 진흙이 된 발꿈치가 허리께로, 허리께가 검정 우산 밑으로 가려지며 멀어 가더니, 마지막 우산꼭지가 보이고는 그나마 사라지고 말자, 호젓한 골짜기에는 인기척 하나 없이 가랑비만 살살살 내려앉는다.

영감은 마누라의 뒷모양이 눈에 안 띄게 된 것이, 조바심을 하던 마음은 후련하게 놓이면서도 어쩐지 커다란 적막이 가슴 속에 꽉 내려앉는 듯 뒤도 아니 돌아다보고 어느 때까지 길 건넛집, 비에 젖은 지붕만 멀거니 바라보고 섰다.

먹을 것이 없었더라면 그래서나 저럴 것이요, 젊었을 때 같으면 젊어서나 그렇다 할 것이지, 얼마 안 남은 평생에 쓰고도 남을 만큼 너끈히 미리 나누어 주었겄다, 제나 내나 늙어 가는 판인데…… 이런 생각을 하면 밉살이 맞다가도, 욕심에 끌려서 그러는 것이 아니니 만큼 개성집 보다도 정말로 자기를 생각하고 위하여 주는 사람은 철원 마누라거니 하는 생각이 들어서 비를 맞아 가며 쩔쩔거리고 찾으러다니는 것이 가 엾기도 하였다.

'……그러나 내가 아주 반편으로 드러누웠던들 어땠을꾸……? 제가 아직 젊어서 다른 데 눈을 뜰 수 있었어두 나를 놓칠세라구 기가 나 서 쫓아다녔을까?'

영감의 머리에는 자기가 철원집의 셋째 남편이었다는 고래적 생각이 또 떠올랐다. 그러나 삼십도 못된 개성집이나, 꼼질거리는 재롱거리를 옆에 두고도 가다가다 적막하고 쓸쓸한 자기 심정을 생각하면 철원 마 누라에게 동정이 아니 가는 것도 아니었다.

"아, 그러나 비는 오지만 무얼 좀 먹으러 나가야지. 이젠 됐어. 또 올 리두 없고."

영감은 들창 앞에서 떨어져나오며, 다락에서 나오는 젊은 첩에게서 아들을 받아 손자새끼 같은 것을 서투른 입내로 쩟쩟 어른다. 세 식구 는 점심 겸 늦은 아침을 먹으러 비를 맞아 가며, 안으로 빗장을 지른 앞 대문을 열고 나와서 또 쇠를 채웠다. 여관에서 물, 밥 사 먹고 있을 수 도 없어 집을 팔려고 미리 딸에게 일러 둔 대로 열쇠는 복덕방 가게에 맡겨 두었기에, 그것을 찾아다가 열고 우선 여기에 숨어 있기로 짐을 옮겨오고 뒷문에는 다시 자물쇠를 제대로 잠가 놓은 것이다. 그래서 이 속에서 벌써 이틀이나, 세 번째 꾸미는 이 늙은이의 가련한 '사랑의 보 금자리'를, 빈 집에 들어가 자는 거렁뱅이처럼 드새고 있었던 것이다.

영감은 비를 맞으면서도 위에 입었던 레인코트를 훌렁 벗어서 어미 등에 웅크리고 업힌 어린것에게 어미 알라 들씌워 주고는, 또 자기의 가슴께를 만져 보았다. 양복 안주머니에 넣어 둔 집문서 다섯 장이 그 대로 있나, 비에 젖지나 않는가 하고 애가 씌는 것이었다.

# 이사

'이사' 라는 말만 나도, 어서 가자고 강중강중 뛰며 조르는 것은 일곱 살짜리 어린놈뿐이었다. 그 외에는 조금만 철이 든 아이라도 별로 신통 찮아하였다. 하도 여러 번 속았기 때문이요, 떠났댔자 또 남의 집 협포 거니 하는 생각에, 떠나면 떠나나 보다 하고 눈치만 보는 것이었다. 딱 지치기를 하다가도 주인집 아이와 충돌이 되어서 이 자식아 이 자식아 하고 맞붙들고 나서게 되면, 으레 저만 손이요, 큰 소리가 아니 가게 하 느라고, 어른들이 저만 나무라고 입을 틀어막으려고 하는 것이 어쩐 영 문인지도 모르고 기껏 분한 판에 엉엉 울면서,

"그놈의 자식, 뭐야, 저는 안방에서 살구 우리는 바깥방에 들었으니 까 그러는 거야? 난 먼저 때리지 않았는데 왜 나만 잘못했다는 거 야."

하고 발버둥질을 치는 놈이다. 집 없는 설움은 저 혼자서만 맡아서 맛 본 듯이 떠난다면 '바깥방 자식' 이 안 되느니만 같아서 어서 떠나자고 조르는 것이었다. 사실 떠나간다는 집의 빈방이라는 것은 안방이었다.

행랑방에서 안방이라니 이런 왕창 띈 수작도 없다.

　그의 친구 A가 어느 날 아침에 일부러 찾아와서 자기 집 근처에 사는 P가 안방이 비어 있으니, 지금 있는 데보다는 나을 듯싶거든 떠나오려느냐고 하더란 말을 전할 제, 그는 P가 누구인지 머리에 떠오르지는 않으나 하여간 이 처지에 귀가 반짝 띄며 A나 P나 인제는 전재민이라는 명사까지 스러져갈 이 때까지 문간에서 밥을 지어 먹어야 하는 생각을 하면 안방이라는 데에 반색을 하였다.

　그러나 P란 사람이 예전에 한사무실에 있던 여성이라는 말에 좀 실죽하였다. 근자에는 이름과 얼굴과를 각각 기억하고 실수를 할 때도 있지마는, 듣고 보니 어렴풋이 머리에 떠오르며 서로 아는 처지면 거북하다고 생각하였다. 그러나 한참 급한 판에 반가운 소식이기도 하거니와 셋방에 쩔쩔매고 고생하는 것을 보고 가서 주선해 준 A나 또는 자기 집에 빈방이 있으니 무조건하고 제공한다는 P의 그 의협심에 감동도 되고 감사도 느꼈다.

　"하여간 그 호의에 사의를 표하기만 하드라도 내일 가 보십시다."
하고 상약한 대로 이튿날 이른 아침 출근하기 전에 K를 찾아서 함께 P에게 가 보았다.

　말 듣건대 별장 지대의 쓸쓸한 집이라니 안방을 텡텡그러하게 비워 두느니보다는, 전재민을 다른 채에도 들였다 한즉, 생색도 내고 호젓지 않을까 싶어서 빌리마는 말인가 보다는 생각도 하였다. 그러나 가 보니 안방만 내놓고는 방방이 차 있는 눈치가 그리 쓸쓸할 것도 없다.

　폐방을 하여 둔 안방은 천장이 뚫어져 있으나 옛날 칸수로 삼 칸통이니 장지만 들이면 우리 식구에 그런대로 지낼 수 있었다. 천장을 내가 고치고 들겠다고 하는 깃이 인사성으로 옳은 듯도 싶으나, 자기 집도 아니려니와, 저편의 단순한 호의를 너무 넘겨 짚고 하는 말 같을까 보아 입 밖에 내지는 아니하였다. 사실 얼마나 들지 그런 돈을 내놓을 형

편도 못 되었다. 그뿐 아니라 장지 하나 격한 골방에 전재민이 오륙 식구 들어 있다니, 피차에 어려운 일이다. 단념할까 하는 생각도 없지 않았다. 그러나 지금 든 지브이 건넌방을 주인이 여름부터 쓰겠다고 하여 아이들을 옆집의 호의로 옮겨 놓고, 거산을 하고 지내는 터이니 손쉽게 이러한 데가 나선 것을 놓치기도 아까웠다.

다음 일요일에는 그는 아내를 데리고 가서 방세를 보였다. 집을 보러 간다기보다도 한 지붕 밑에서 살자면 서로 뜻이 맞아 지낼 수가 있을지 만나 보이자는 것이요, 부엌이며 물이 어떤 형편인가를 살림꾼이 보라는 것이었다.

"P씨도 목소리가 어질구 인심이 퍽 좋겠구, 부엌은 좁지만 방이 넓으니 널조각으로라도 장지만 들이면 두 방으로 쓰겠군요."

아내도 돌아오며 이런 소리를 하고, 급하면 떠날 생각이었다. 다만 뜰에 박힌 우물이 겨울이면 마른다니, 골방 식구 외에도 아랫방이 둘이나 되어 거기도 두 살림인 모양이니 우리 식구끼리 들어가면 네다섯 가구의 근 이십 명 식구가 말라 가는 우물 하나만 짜내자면 차차 김장때는 돌아올 거요, 동리에 나가 길어 먹는대도 겨울에 물 고생할 것이 큰 걱정이었다. 그뿐 아니라 큼직큼직한 주택이 아니면 별장들이 들어섰는 비교적 풍유하고도 소삽한 산골짜기니, 교통이 불편하고 아이들의 학교가 멀어지는 것쯤은 하는 수 없겠지마는, 구차한 사람이 그런 데 끼여서 살기가 어려울 것 같았다. 첫째, 나무를 바리로 못 들여 놓고 푼거리질을 하게 되면 어쩌나 싶었다.

그러나저러나 지금 계획대로 월말까지 돈이 들어서서 조고만 사랑채에라도 옮아 앉게 되면 모르지마는, 그것이 틀리는 날이면 무조건하고 구제삼아 제공하마는 그 호의도 호의려니와, 근자에는 사글세방이라는 것은 몇 만 원씩하는 보증금을 물고도 구하기가 극난한 터이고 보니 한 이천 원 울세만 내놓면 창피는 하나, 당장이라도 들어앉게 될 이런 자국을 놓쳐도 큰일이라고, 월말까지 들겠다는 작자가 나서면 모르거니와 그렇지 않으면 참아 달라고 걸쳐 놓았다.

그러나 소불하 이십만 원 돈이 있어야 할 터인데 아무리 인플레의 지금이기로, 말같이 몰아설 이가 없다. 아이들을 맡겨 놓은 옆집에서는 혼인 날짜를 받아 놓고 혼인 치를 동안만은 방을 내야 할 형편이다. 그러나 당장 일어서려도 몇만 원 수중에 있어야 동리에 가릴 것을 가리고 나설 사정이니 또다시 아이들을 그런 건넌방으로 끌어들였다. 나갔던 아이들이 들어와서 또다시 북새를 놓으니 주인이 방을 내주기는 하면서도 눈살을 얼마나 찌푸리랴 싶어 바늘방석에 앉은 것 같다.

"불계하구 떠납시다, 김장때는 돼 오구, 남 깨끗이 발라는 방에서 또 무슨 염체로 삼동을 나겠다겠소."

그러한 거북한 사정은 아래윗집 똑같았다.

"무던하지 한 달만 빌리란 것이 이태가 가까워 오니."

적산집칸이라도 주선이 되려니 하고 오늘내일 하며 지낸 것이 어느덧 이태가 된 것이었다.

마침 돈 만 원이나 수중에 들어온 길이라 그나마 없어지기 전에 불계하고 옮아 앉기로 하였다.

<br>

2

<br>

"엄마, 돈 십 원만 주."

북데기를 두어 차 실어 놓고, 그가 압령을 하고 떠나려니까 조고만 놈도 따라나서다가 뒷간망을 하고 온다고 뒤처진 어머니에게 손을 내민다.

"돈 십 원은 또 왜?"

"인제 산속으로 들어가면 사 먹지 못하지 않아요."

떠나는 집이 산속이니까, 가게도 없고 인제는 군것질을 못할 것인즉, 아주 마지막으로 눈깔사탕이라도 사서 물고 가겠다는 말이다.

"가게두 술집두 없는 산속이니까 넌 군것질 못하구, 아버지께서도 약주를 못 잡술거라. 인제 부자 돼서 집 사러 온단다."

어머니와 누이가 몇 번이나 웃음의 소리를 들려주던 것이었다. 아닌게아니라, 문전만 나서면 술을 사 오는 거리와 달라서 겨울이 되면 술한잔 얻어먹기도 힘이 들리라고 그는 은근히 걱정이 아니되는 것도 아니었다. 여러 가구가 사는 집이요, 주인은 책장이며 세간으로 막아 놓은 마루를 격하여 건넌방에 떨어져 있으니 상관없으나, 바로 장지를 하나 격하여 골방에 한 가구가 있는데 술이나 취해 큰 소리를 내거나 하

면 걱정이라는 것이 아내의 당부요, 조심이 되어 술을 정침하게 될 것
이 도리어 해롭지는 않으나, 그런 점으로도 역시 비편을 느끼었다. 륙
색만 짊어지고 온 살림이 북데기나마 두 구루마나 되니 살림이 느는 것
같지마는 그 구살머리쩍은 것을 실려 가지고 어린것과 앞서거니 뒤서
거니 나오자니 동리 사람의 인사받기가 열쩍고 싫었다. 구차를 남 보이
는 것도 싫지마는, 이태가 되어도 끝끝내 집칸을 못해 나가는 무능을
광고치는 것이 더 싫었다. 아내더러 떠나가 앉으라고 일러 놓기만 하고
어디를 휘 나가서 볼일이나 보고 느지막이 새 집이랍시고 들어가면 이
런 꼴 저런 꼴 안 보고 좋으련마는, 혼자서 살짝 빠져 달아가는 수도 없
어 결국 짐꾼을 데리고 나선 것이었다. 걸어서 삼십 분이면 당도할 데
를 짐꾼은 몇 번이나 앉아 쉬고, 한 시간이나 걸려서 와서도 턱에 내려
놓고 올라오지를 못한다. 뒤쫓아온 아이들이 떼어밀고 법석을 하여 끌

어올려다가 겨우 짐을 풀었다. 별장 지대요, 소위 '경성부 풍치 구역' 이라 왜놈 덕에 길을 뻔히 닦아 놓았으니 짐은 트럭이나 사람은 자동차로 날라야 알맞을 데다. '구차한 놈은 살 데가 못 되는 데데……' 하는 생각이 머리에서 떠나지를 않았다.

사람의 손이 아니 가고 흙발로 다니던 방 마루라, 쓸고 닦고, 한참 부산을 떤 뒤에 자리를 잡고 앉으니 지붕을 고치느라고 헤갈을 해 놓은 천장에서는 문을 여닫는 대로 모래를 비오듯 쫙쫙 끼얹으나 그래도 금시로 땐 불이 방만은 신통히 더워 온다. 첫추위에 바깥이 쌀쌀한 분수로 보아서는 이 넓은 방이 외풍도 없는 셈이다.

"내일은 우선 천장부터 발라야 되겠군. 세전은 얼마를 들여보내면 좋을구?"

그는 어쨌든 삼동은 여기서 나는 거라고 붙지 않는 마음을 가라앉히려 하며 아내에게 의논을 한 것이다.

"그것은 고사하구 지금 쥔집 색시가 그러는데 부엌은 못 쓴다는구려."

아내는 '행랑살이' 를 면하고 안방 차지를 하였다는 반가움보다도 비좁기는 하나마 부엌에서 밥을 짓게 되었다는 데 큰 희망을 가졌더니만치 낙심이 되는 눈치다.

"그 장작만 내어 싸면 될 텐데."

정작 안방은 함실 아궁이를 만들고 골방에 든 사람이 그 편으로 솥을 걸고 부엌을 혼자 쓰는 것이었다.

"게다가 물이 그 때 우리가 와 볼 때보다도 아주 말라붙었군요. 지금 걸레질을 치기에도 저 아래 별장 뒷문으로 들어가서 세 바께쓰를 길어 왔는데, 덕덕 얼기나 하구 눈이나 쌓이면 그걸 어떻게 길어다 먹우."

"그야 저 채석장에 가 보면 그 산꼭대기에서 한 마장이나 되는 데를 물은 길어 올리는데."

그는 늘 산보하는 길에 까맣게 치어다보이는 산꼭대기를 물지게를 진 여자나 아이들의 강하고 질긴 생활력을 감탄하는 것이었다. 그러나 말은 이렇게 하면서도 아내의 말에 마음이 무거워지지 않을 수 없었다.

"개 때문에 난 뒷간에두 못 가겠어."

아이들은 얼씬만 해도 기가 나서 짖는 개가 걱정이 되어서 꿈쩍들을 못하고 컴컴한 방 속에 옹기옹기 모여 앉았다.

"별 걱정두 다 많다. 한 이틀 지내면 개하구두 친해지지."

말은 그래도 자기부터 문턱 밑 댓돌 위에 지키고 앉아서 짖어 대는 개에게는 신경이 아니 쓰일 수 없고 공연히 머릿속이 어수선하고 기분이 더욱이 가라앉지 않는 것이었다. 그래도 아내는 오는 길로 고기 기름과 멸치 부스러지로 개에게 커미션을 바친 탓인지 아내만은 벌써 사귀고 짖지 않는다.

"너희들도 메루치나 한 줌씩 집어 주려무나."

아버지의 이 말에 아이들은 멸치를 한 줌씩 들고 나서, 툇마루 바깥으로 드나들며 법석이었다.

부엌의 의지간이 없으니 서창 밖에 놓인 숯섬에서 숯을, 방 안을 거쳐 누마루로 날라가고 또 한참 부산을 떨며 겨우 저녁밥을 지어 상을 받자니까 출근하였던 주인댁이 들어와서 인사로 들여다본다. 밥상을 받고 앉았던 그는 미안하고 창피스런 생각에 벌떡 일어나서 어름거리는 것이었다.

3

이튿날 새벽에 학교에 가는 아이들의 밥을 지으려 서창 밖으로 누마루로 오락가락하던 아내가 풍로를 피고 쌀을 씻어 앉혀 놓고 들어와 앉

으며,

　"벌써 길어다가 둔 물이 얼었으니 이 겨울을 어떻게 나누? 펌프 물이
　아니니 손은 빠지는 것 같구……"

　또 물 걱정이었다. 컴컴한데 자릿속에 누웠는 그는 대꾸도 아니한다.
머리에 별 묘책도 떠오를 것이 없거니와 문제는 간단한데 —— 돈 하나
있으면 다 해결이 될 텐데, 그 돈이 나올 가망이 없으니 마음만 어두웠다.

　"어떻게든지 김장 전에 다른 도리를 차려야지, 개천 물에 배추들을
　씻구 있는 이 산골짜기에서 그나마 얼어붙은 뒤에 김장이 들어오면,
　누구를 못 살리려는지?"

　딴은 어제 보니 개천을 끼고 들어오는 이 길의 길목이, 한 길이나 되
는 개천 바닥에서 배추들을 빨래하듯이 씻고 있었다. 세상에 돈만 있으
면 사는 줄 알고 쌀만 있으면 그만이요, 소금이 귀한 줄은 알았으나, 물
가난이 또 얼마나 어려운가 싶다. 그는 아내가 들여와도 걱정이라는 그
김장을 어떻게 들여오게 될지가 막연하게 걱정을 하고 누웠던 것이다.

　"하여간 내가 오늘은 나서서 어떻게 해 봐야지, 또 이렇게 거산을 하
　구 이 겨울을 어떻게 난담?"

　첫째 원인은 부엌을 못 쓰게 된 데에 있겠지마는 이태를 두고 남편의
주선만 바라다가 일껏 왔다는 데가 부엌 없고, 물 없고, 얼씬만 해도 길
길이 뛰며 몰려 덤비는 개가 파수를 보는 이 방 한 칸이더냐고 인제는
자기가 나서서 주선을 해 보겠다는 것이다. 그는 무슨 수가 있나 싶어
아내의 얼굴을 멍히 치어다보며 뒷말을 기다렸다. 그러나 홧김에 말은
그렇게 내놓고도 별 방도가 머리에 떠오르는 것이 없으니 생긋 웃고만
만다. 그도 따라서 마주 빙긋 웃고 말았다. 나만 주변 없다 말고 어디
재주를 피워 봐요 —— 하고 오금과 기대가 섞인 웃음이었다.

　이 날 저녁때 학교에 갔던 계집애년이 들어오더니,

　"필성 어머니가 내일 어머니더러 아무리 바빠두 꼭 좀 왔다 가시래

요.”

하는 전갈을 하였다. 신문 배달부들을 못 붙들어서, 아직 신문 배달이 이리로 안 되기 때문에, 학교 다녀오는 길에, 전 집에 들러서 신문을 찾아오라고 보냈던 것인데, 그 길에 일러 보낸 전달이었다.

“바쁠 것두 없지만 왜 그러구?”

아내는 서투르고 물 길어 먹기 어려운 여기보다도 살던 동리에 정이 붙어서, 다시 가게 될 방도나 없을까 하는 막연한 공상이 있으면서도 하도 구차한 꼴을 보이고 살던 동리에 다시 발을 들여놓기가 싫기도 하였다. 그래도 떠날 땐 큰길까지 눈물을 흘리며 쫓아 나와서 몇 번이나 돌아다보아도 우두커니 섰던 필성이 어머니였다. 갓난애만 딸리지 않았으면 집 알릴 겸 오기도 하련마는, 아무리 바빠도 다녀가랄 제야 무슨 긴한 말이 있어 그런가 하고, 이튿날 아내는 전에 살던 집으로 인사 삼아 가 보았다.

필성이 집에를 갔다가 온 아내는 신기가 좋은 얼굴로 들어오며,

“여보, 필성이 집에서 건넌방까지 내놓을 테니 다시 오라는군요.”

하고 남편의 기색부터 살핀다.

“음…… 하지만 거길 또 어떻게 기어들어간담.”

그의 대답에 아내도 우기지 않는다.

“내일 기다려 봐서 안 가면 옆집 마님과 짐구루마를 데리구 오겠다고 까지 열심으로 모두들 권하던데.”

“어째서들 그래?”

“물이 귀채 길어 먹는다니 김장은 어떻게 하구 이 겨울을 고생할 게 가엾다는 거요. 아이들두 보아 줄 사람이 없으니까 아쉬니까 그러는 거겠지.”

하고 그도 마음은 동하나 썩 내키는 수작은 아니었다.

“그야 그렇지만 물 고생을 생각하면 가구두 싶고.”

"하지만 창피스러워 거기를 또 어떻게 간단 말요."

"글쎄 그런 말만 안 들었으면, 아무리 고생이 돼두 죽자고나 하구 예서 그런대루 지내겠지만……."

아내도 엉거주춤하는 소리였다. 그 날 저녁 밥상머리에서 아이들의 의향을 물으니 큰 아이들은 기분이 전환된 맛에 그대로 있자는 주장이요, 이사 간다고 날뛰던 끝놈만은 다시 가자고 찬성이었다. 앞에 구멍 가게가 있어서 군것질 못할 염려는 없어졌지마는 쓸쓸한 동리에 동무도 없고, 개는 들싸서 마음이 붙지 않고 뒤숭숭한 모양이었다.

"난 바깥방에 있으니까 잘못한 것이 없어두 나만 나무래나."

하고 엉엉 울던 것은 잊어버린 모양이다.

하루를 걸러 이튿날 낮에 짜장 필성이 어머니가 찾아왔다. 여편네끼리 어떻게 이야기가 되었는지도 모르겠으나 필성 어머니를 보내고 들어온 아내는,

"창피는 해도 갑시다."

하고 결심을 한 눈치로 양편의 이·불리를 조목조목이 따져 본다. 그도 딱 결단을 할 수 없어 듣고만 있었다. 다시 가는 것이 유리는 하고 아내와 자식을 고생은 덜 시킬 것이나, 쫓겨나다시피 한 데를 다시 기어들어가기가 아무리 오래서 간다기로 저승길같이 까맣던 것이었다.

4

하룻밤을 새고 눈을 뜨니, 또 간다 안 간다는 의논이 자릿속에서부터 분분하다. 그러나 아내 역시 갈지 올지 또 마음이 오락가락하는 모양이었다.

"가지! 가!"

그는 마지막 단안을 내리었다. 또 바깥방 신세를 지러 기어들어가기가 죽기보다도 싫기는 하나, 편한 길을 취하는 수밖에 없었다. 거기에는 술 한잔도 마음대로 못 사 먹고 조심성스럽게 지내야 할 불편에서 빠져나가는 것이 시원하다는 타산도 들어 있었다.

아이들이 학교에 가기 전 짐을 다시 꾸리고, 아침을 해 다니고…… 다시 누그러진 날씨에, 그는 땀을 뻘뻘 흘리며 또 한참 부산하였다.

세간을 내 실리려니까 주인집 색시가 나와서, 짐을 나르는 데 거들고 있다. 갔다 공연한 부산만 떤 것도 미안한데, 비단옷을 깨끗이 입은 색시가 나와서 말려도 듣지 않고 풍로니 항아리니 너저분한 잡살부렁이를 날라 주는 양이 미안도 하고 격에 어울리지도 않았다. 창피한 꼴을 뵈는 부끄러운 생각도 슬며시 들었다.

짐을 다 내이 실리고 나서 그는 훌쩍 먼저 떠나 버렸다. 그 군돈스러운 이삿짐을 따라서 불과 사오 일 만에 예전 동리에를 다시 들어가기가 차마 싫었다.

그는 여기저기 드높이 쭉쭉 선 집들의 문패를 이것저것 치어다보며 걷다가 이 동리는 다시는 좀체 들어와 볼 일이 없으려니 하는 생각에 경치나 좀 구경을 할까 하고 누구의 별장이라든가 하는 쇠창살문 안에를 들어서 보았다.

"어디를 가십니까?"

저편 비탈을 내려오던 상점 점원 같은 아이가 묻는다.

"아니, 구경을 좀 하려구……."

"더 들어가시지 맙쇼. 사내운 개를 풀어 놓아서 마구 덤비는뎁쇼."

그는 찔끔하여 얼른 나왔다. 그 동안 며칠을 두고 밤이면 개를 풀어 놓기 때문에 변소에도 가지를 못하던 그이었었다. 원체 이 동리는 산골이요 부촌이라서 그러한지, 밤이고 낮이고 개 짖는 소리에 정신살이 없었다. 개를 무서워하고 싫어하는 그는, 부자는 되려도 못 되겠거니와 부잣집 문전에도 갈 위인이 못 된다고 혼자 허허 웃었다.

그래도 뒤에 짐이 내려오려니 하는 생각에 그는 학교 운동장으로 기어 올라가서 잠깐 내려다보고 섰었다. 짐 구루마가 눈에 띄며 아내가 어린것을 데리고 맥없이 따라오는 양이 멀리 보이자 아내는 운동장 위에 섰는 그를 벌써 치어다보며, 저기 아버지가 계시다 하는지 손가락으로 가리키며 어린아이에게 뚱긴다. 어린 놈이 바라다보고 싱글하는 것을 그는 손짓으로 어서 먼저 가라는 표시를 하고 운동장 저편으로 돌쳐섰다.

눈이 오려는지 어느덧 흐려진 하늘에는 구름들이 무겁게 처지고 음산하여졌다. 그의 마음도 하늘빛같이 추운 뒤에는 짐꾼을 부르려 무겁고 쓸쓸하였다. 그는 멀리 바라보이는 쓸쓸한 성 밑을 향하여 발을 옮겨 놓는 것이었다. 거기에는 올망졸망 밖거리의 우동 파는 구루마같이 띄엄띄엄 섰는 집들을 건너다보며 걷는 것이다. 얼마나 고달픈 살림살이냐고 위문을 가자는 것도 아니요, 이따위 위문객을 반갑다 할 그들도 아니련마는 그는 쓸쓸한 그 길이 걷고 싶었다.

그래도 한 바퀴 휘돌아 거리로 빠져나와서 다리를 쉴 겸 술집에 찾아들어가서 컬컬한 목을 축였다. 교활한 마음이나 그 짐을 풀고 정돈이 된 뒤에 집에 들어가자고 일부러 돈을 써 가며 시간을 흘려 버리는 것이었다. 그는 술이 얼쩡하여 해가 들어가고 음산한 전에 살던 거리로 들어섰다. 만나는 동리 사람마다 저 영감이 또 오는군 하고 웃을 것만 같았다. 그러나 그는 '이놈들, 내가 천생 야미를 할 줄 몰라서 이렇다!' 하고 소리를 지르고 싶을 만치 기가 켜졌다.

동구 앞의 구멍가게를 지나려니까 젊은 사람이 뛰어나오며,

"아, 선생님 다시 오셨대죠? 든든합니다."

하고 인사를 한다.

"이 사람아, 무에 든든한가? 자네 집 술이 썩기 전에 얼른얼른 팔아 줄 테니까 든든하겠지만…… 허허허."

집에 들어와 보니 닷새 전에 살던 것같이 깨끗이 치워 놓았다. 그는 자기가 거들지 못한 것이 미안한 생각도 들었으나 모른 척하였다.

"어디를 가셨다가 이렇게 늦게 오셔요."

하고 아내는 자기에게만 쓸어 맡겨 버린 불평이 없지 않은 모양이다.

"응, 술 먹느라구 늦었어, 그래 잘들 왔소?"

"그럼, 잘 왔기에 이만큼 치웠죠, 그런데 저놈이 전찻길에서 들어서 더니 '인젠 살았다' 하구 껑충껑충 뛰겠죠!"

그는 아내의 말에 무엇이 우스운지 별안간 껄껄껄 웃음을 터뜨렸다.

"어허허…… 그놈 '인젠 살았구나' 가 걸작이군, 하하하."

하고 그는 우습고도 어이가 없다는 듯이 또 한 번 허청 나오는 웃음을 웃있다.

# 짖지 않는 개

## 1

자정은 훨씬 넘었을 것이다. 제시간에 대어 들어와 본 적이 없는 막차의 승객들이 두런두런 떼를 지어 지나간 뒤로는 인적이 끊인 지도 벌써 언젠지 모른다.

아직 서리가 내릴 절기도 아니겠는데 강바람이 쌀쌀한 국경의 밤은, 단칸방에 다섯 식구가 꼭꼭 끼어 누워 있으면서도 이불깃 속으로 목이 움츠러져 들어가고, 손을 한참 내놓고 있기가 싫을 지경이다. 바로 머리맡 두 겹 유리창 밖은 정거장 앞 큰 거리이다. 가다가다 윙 하고 가랑잎을 휩쓰는 바람 소리가 피난꾼의 잠을 못 이루는 어수선한 마음에 향수를 들쑤셔 놓고 간다.

책을 펴서 벽에 기대어 세워 놓고 자리 속에 누워 보고 있던 나는, 문밖에서 버스럭거리는 소리를 처음에는 풍생원이거니 하고 무심히 들었다. 그러나 머리맡 창밑으로 서붓서붓 발소리를 죽여서 은구(수채)를 밟고 가는 기척에 책에서 눈을 떼며 귀를 기울였다. 이 밤중에 통행할 수 있는 사람이라고는 경비대원이 아니면 소련 병정뿐인데, 구둣소리가 아니요 고무바닥으로 밟는 발소리가 살살 스치고 가는 눈치가 더욱 수상했다. 그렇게 생각하니 조금 전에 바스락거리던 소리가 정녕 바로 윗집 대문을 건드려 보던 것이나 아닌가도 싶다. 아직도 치안이 잡히지 않은 이 시가에는 밤만 들면 도둑과 강간과 살인이 하룻밤에도 몇십 건씩 일어나는지 신문이 없어 자세한 것은 알 길 없고, 신문이 있기로 자유로이 보도할 수가 없겠거니와 보도하려고 들지도 않겠지만, 하여간 마음놓고 잠도 잘 수 없는 요즈음이다. 발소리가 스러진 뒤로는 바람결에 유리창이 흔들리는 소리 외에 다시 괴괴하여졌다. 옆에서 아이들은 세상 모르고 숨소리도 없이 곯아떨어져 있다.

다시 눈이 책으로 가서 읽던 데를 더듬어 찾노라니까, 이번에는 뜰 안으로 난 방문 쪽에서 또 버스럭 한다. 머리끝이 오싹하며 고개를 돌린 채 전신이 얼어붙는 듯싶었다. 서벅서벅 고무바닥으로 생철지붕을 밟는 소리가 나더니 수룩수룩 미끄러져내리는 기척이 난다. 이 방문에서 한 간통쯤 떨어져 한 길 반이나 되는 높직한 토담을 의지해서 저 너머 쪽으로 생철지붕을 한 의지간이 요새 새로 섰는데 거기에서 뛰어내린다면 아무리 운동화를 신었기로 쿵쿵 하고 발을 구르는 소리가 날 텐데, 그런 자취가 없는 것이 희한한 일이다. 다시는 가뭇같이 기척이 없다.

'내가 잘못 들었나? 괭인가?'

이렇게 생각하니 마음이 조금은 늦추어지며 숨을 돌렸다. 이 담 너머는 일본 절의 뒷마당이다. 해방이 되자 일본 사람들을 한데 모는 통에 대개는 강가의 창고에 수용되었지마는, 이 동리에서는 여기에다 헛간을 들이고 몰아넣었다. 바로 이 생철지붕 밑에는 적어도 육칠십 명의 여자와 그 이상의 어린애들이 캄캄한 속에 끼여서 새우잠을 자고 있을 것이다. 그러고 보니 스르륵 미끄리져 내려가는 소리가 저편 마당으로 떨어지는 소리였을 것도 같다.

'아니, 무에 들어왔으면야 나다가 짖을 거 아닌가!'

주인집에 '나다'라는 개가 있는 것이 생각나니 이제는 아주 안심이 되었다.

그러나 또 좀 있다가 저 뒷간 쪽에서 판자를 써걱써걱 흔드는 소리가 난다. 이번에는 벌떡 일어나 앉아서 숨을 죽이고 귀를 기울였다. 도깨비에 홀린 듯이 미쳐 죽을 노릇이다. 나다가 부스럭대는 소린가도 싶었다. 그러나 나다는 이 방에서 부엌 하나를 지나 일자로 앉은 주인집 마루 앞 멍석을 두른 의지간에 쇠사슬로 매어 놓았으니, 저 뒤로 곱뜨려 들어가는 변소까지는 갈 수가 없을 것이다.

판자를 흔드는 소리가 여전히 잇달아 나는 것이 겁결에 한 십 분은 되는가 싶었다. 이 뒷간 옆 판자 너머는 윗집의 앞마당으로 빠져나가는 골짜기가 된다. 무역상인가 무슨 회사인가를 해서 이 바닥에서 손꼽는 주인은 소련군이 들어온다는 소문에 벌써 서울로 뛰어 버렸고, 문전이 커다란 집 속에 중년 부인이 열대여섯쯤 된 곱다란 딸 하나만 데리고 단 두 식구가 문을 첩첩이 닫고 들어엎던 집이다. 아무리 거리는 쓸쓸해지고, 날마다 듣느니 강도요, 강간이요, 무시로 총 소리가 팽팽 나기는 하지만, 그래도 정거장이 지척이요, 문전만 나서면 피난민이 우글대는 여관에서는 밤새도록 문을 닫는 일이 없고, 이편짝 냉면집, 장국밥집에서 흘러나오는 전등불은 대낮같이 밝으니 그것을 믿고 의지 삼아 기차가 삼팔선을 뚫고 서울까지 단숨에 갈 때까지 기다리느라고 조마조마하며 집을 지키고 있는 것이었다.

그것은 하여간에 아까 앞대문에서 부스럭거리던 것을 보아도 도둑이든 무어든 간에 노리는 것은 윗집이고나 하는 짐작이 들자 조금은 절박한 생각이 늦추어지나, 날마다 저녁이면 내게 와서 집의 딸년과 함께 국어며 역사, 지리를 서둘러 배우는 그 집 딸아이가 머리에 떠오르자, 당장 자기 발등에 떨어질 불은 아니라는 마음의 여유가 생기니만큼 또 새로운 참혹한 걱정이 펄쩍 났다.

그러자 수군수군하는 말소리가 마당에서 나며 발소리도 없이 이리로 다가오는 눈치다. 조선말인지 노서아말인지 분간할 수는 없으나 두 놈인 것을 이제야 알았다. 등불을 껐더면 하는 생각도 났으나 될 대로 되라고 금시로 대담하여지며 한참 긴장하였던 마음이 확 풀리었다.

똑 똑 똑…… 노크와 함께,

"여보……."

하고 서투른 목소리가 방문 밑에서 가만히 난다. 계집아이들과 아내의 이불을 얼굴까지 뒤집어씌우는 바람에 눈을 뜬 아내에게 손짓을 하는 것과 함께 밖에서는 안으로 잠근 방문을 흔든다. 나는 속바지를 천천히 입고서야 대꾸를 하며 전등불 줄을 떼어들고 방문을 열고 불부터 내밀어 문에 가로막고 섰다. 컴컴한 뒤에서는 식구들이 이불 속에 파묻혀서 덜덜 떨고 있을 것이다.

전등불에 환히 나타난 빨간 코가 뾰족하고 키가 작달막한 노상 어린애는 장교인 모양이요, 뒤에는 똑같은 키의 졸병이 담총을 하고 섰다.

떠듬떠듬 반벙어리 같은 조선말로 조잘대는 것을 되묻고 되묻고 하여 간신히 알아들은 말은 평양서 와서 여관을 정하고 친구와 거리에 나와서 술을 먹었는데, 여관을 잊어버렸으니 나더러 나와서 여관을 찾아 달라는 뜻이었다.

이런 억탁의 소리가 있을까. 무엇보다도 이 밤중에 나오라는 데에는 기가 막혔다. 언젠가는 경비대원이, 그것도 오밤중에 문이 어느 틈에 열렸는지 마당에 들어와서 마침 변소에 갔다가 나오는 나에게 총부리를 들이대며, 지금 이 집으로 들어오는 사람이 아니냐고 서두는 통에 혼이 난 일이 있었지마는 툭하면 불문곡직하고 탕 하는 총부리가 무서웠다. 그 때는 사랑쌈을 하느라고 들락날락하던 주인의 작은집이 캄캄한 추녀 밑에 숨어 섰다가 나타나서 무사하였거니와, 이번에는 문 밖으로 끌려나가기만 하면 당장 총부리가 덜미를 겨눌 것이다. 좋은 낮으로, 여관이 바로 이 앞에 있으니 그리 들어가 자라고 순순히 일렀으나, 무슨 말인지 통 못 알아듣겠다 한다. 나중에는 화가 버럭 나서 시위를 하느라고 안방에 대고 소리를 치며 주인을 깨웠다. 주인 부인은 마침 어린애를 데리고 친정에 가서 주인이 혼자 자고 있었을 뿐만 아니라 이때쯤의 첫 서슬에는 노어강습소가 여기저기 생겨서 젊은 사람은 한 달쯤 배우면 웬만한 통사정쯤은 한다 하니 주인의 그 노어를 이런 데 써먹자는 생각도 들었다. 주인이 그 부산 통에 깨어 있었던지 마루로 나오며 불을 환히 켜니 저희들도 그리로 발길을 돌리지 않을 수 없는 모양이었다. 나도 속바지 바람으로 따라나가서 내가 들은 대로 설명을 하여 주니까 주인이 노서아말로 수작을 붙이었다.

얼마만한 어학력인지는 모르되 이 심야의 침입자들의 조선말만큼은 떠듬대는 수작이었다. 그래도 어쨌든 상대가 뜻밖에도 제 나라말을 꺼내는 데는 반갑다기보다도 겸연쩍은 생각이 드는 눈치로 싱거운 웃음을 띠고 멀거니 섰다. 그것은 남모르는 타향에 왔다는 안심으로 파탈하고 체면 없는 짓을 하다가 뜻밖에 아는 사람에게 들킨 듯이나 열없어하는 표정이었다. 나는 춥기도 하고 환한 불빛에 속바지 바람인 것이 창피하기에 옷을 입고 나오마 하고 돌쳐서며 개우릿간을 들여다보니, 나다는 여전히 짖지를 못하고 눈만 멍하니 우두커니 밖을 내다보고 섰다. 오밤중에도 누가 문전을 얼씬만 하면 길길 뛰며 짖어 대는 나다이건마는.

방에 들어와서 바지를 부덩부덩 입으려니까, 이불을 머리까지 덮고 엎드렸던 아내가 파랗게 질린 얼굴을 내밀고 나가지 말라고 손짓을 하며 방문을 걸라는 시늉을 하여 보인다. 그러나 주인에게만 떠맡기고 모른 체하고 있을 경우도 아니어서 부리나케 바지 앞을 여미는데 밖에서 또다시 방문을 똑똑 두드린다. 대개는 무사타협이 되었으려니 하는 안심도 없지 않았지마는 방문을 열고 내다보니 앞선 꼬마 장교가 선뜻 손을 내밀며,

"아버지, 미안합니다."

하고 악수를 청한다. 뒤의 졸병도 거기 따라 악수를 청하는 것이었다. 나는 그저 다행하다는 생각에 웃어 보이며 나와서 대문을 열어 주었다.

저 보기에도 오십이나 되는 사람이니 아버지라고 하는 것이요, 아버지의 아내면 역시 오십은 되는 노파려니 싶어서 다시는 길로 나가자고 않는 것인지, 남자가 둘씩이나 되고 젊은 주인의 노서아말 바람에 기가 줄어서 그런지, 잊어버렸다는 숙사는 어떻게 찾아갈 요량으로 순순히 떨어져 가는 것인지는 알 수 없었다.

이튿날 아침에 절간 일본 사람 수용소에 들어 있는 늙은이가 대표격으로 인사를 온 것은 의외였다. 앞장을 서 안내해 온 희끄무레한 일본 계집애는 일본 여자들이 파는 옷가지를 사느라고 왔다갔다하는 동안에 아내와 낯이 익어진 처녀였다.

"간밤엔 참 고마웠습니다. 생철지붕 위를 쿵쿵거리는 소리에 잠들이 깨어서 어른, 애들이 캄캄한 속에서 옷들을 주워 입고 꼭 일을 당하는 줄만 알았더니 천만다행으로 소리 없이 쫓아보내 주셔서 그런 고마울 데가……."

다리는 절망정 기골이 장대하고 신수가 좋은 늙은이는 웃음을 띠면서도 한숨 섞인 인사요, 하소연이었다. 여기서는 버스럭거리는 정도로 들렸지만 지붕 밑에서 자는 사람은 생철 한 겹 밟는 소리가 벼락치는 듯했을 것이다. 여자들은 옷을 단정히 입고 꿇어앉아 화해만 기다리고 있었더라는 것이다.

닭도둑처럼 일본 여자만 모아 놓은 곳으로 야습을 하여 다니는 이 판에 마음을 놓고 잘 수도 없었지마는, 제 발등의 불을 끄기 위해서나 민족적 감정으로나 이 앞집에는 색시가 수두룩하다고 똥기어 주리라고만 생각하였더니, 말막음을 하여 돌려보내서 욕을 면하게 해 주었으니 이런 고마울 데가 없다는 것이다. 저희들이 한 일을 생각하면 이 판에 조선 사람이 직접 손을 대지는 않더라도 기회만 있으면 저희들을 못살게 굴고, 보복을 하려 들 줄 알았더니 그렇지 않은 데에 무척 감격하였다는 눈치였다. 우리가 수작을 하고 있는 동안에 대문 밖에서는 묘령의 일본 처녀들이 웅성웅성 모여서 기웃거리며 호의와 감사의 미소를 던지고들 있는 것도, 아침 햇살이 쫙 퍼진 신선한 공기 속에 화려한 한때의 풍경이면서도 어쩐지 가련하여 보이는 것이었다.

2

"집은 되는 거예요? 떠나면 어서 떠나구…… 윗집에선 내일 아침 차로 떠난다는데, 우리두 더 처지기 전에 결단하고 나서든지……."

오늘도 K과장 집에 가서 원고 정리를 하다가 저녁밥때쯤 되어서 돌아오니까 아내가 또 이런 걱정을 뇌까리는 것이었다. 적산 신문사를 맡은 한편 적산 극장이 넷, 적산 인쇄소가 넷이나 되니 이것들을 중심으로 일을 하나 익혀 놓고 가라 하여 도중에서 붙들린 셈인데, 좌익 계열이 차츰 드세어 가서 일이 될 성스럽지 않은 한편, 날은 추워 가니 기차는 통하지 않고 오도가도 못하는 딱한 사정이다.

"그나마 로스키가 쓴다구 내놓으란다나, 우리커녕 K과장두 쫓겨날 판인데……."

K과장이란 도청 교육국의 문화과장이다. 이번 해방 후 L위원장 밑에 나선 젊은 인텔리인데 적산 문화시설을 가지고 무어나 해 보자 하여 독신인 이 사람의 집으로 매일 모이는 축이 있는 것인데, 이 집이란 것도 이번 통에 큼직한 것을 한 채 접수하였기 때문에 나더러 이층에 와서 들고 살림을 하라는 것이나, 또 중간에 가로채고 나선 사람이 있어 야박하게 앞장을 질러 밀고 들어갈 수도 없기 때문에 머뭇거리고 있는 동안에 요사이 와서는 소련군에서 내놓으라고 또 하나 새치기가 들어 상

치를 하고 있는 터이다.

"에구, 그나마 틀리면 어서 나섭시다. 설마 삼팔선 넘는다구 쏘기야
하겠수. 아무리 밤중에 산길을 돌아가기루 남들도 다 가지 않나."

엊그제 그런 일이 있은 뒤 옆집에서 겁이 펄쩍 나 집을 일가에게 맡
겨 놓고 간다는 말을 들으니 아내와 아이들은 더욱 마음이 들먹거려서
조바심이다. 그러나 지방신문일지라도 시설이 완비한 공짜 신문을 책
임자가 맡으라는 것을 버리고 가기는 아깝고, 주인 없는 극장이나 인쇄
소가 뉘게 떨어지든 간에 낙착도 보지 않고 자리를 뜰 수는 없는 일이
다. 게다가 걸핏하면 붙들려서 여자는 욕을 보고, 남자는 어느 귀신이
잡아가는 줄도 모르게 없어지는 판에 어린것을 업고 걸리고 하여 밤중
의 산길을 돌파하기엔 서울서 자란 우리집 식구 따위로는 좀처럼 엄두
가 아니 나는 일이었다.

나는 여전히 매일 아침만 먹으면 K과장 집으로 사진*을 하였다. 독
신인 주인이 도청에 사진을 하고 나면 드나드는 사람은 수월치 않으나
널찍하니 서재 삼아 좋았다. 드나드는 사람이 많으니 정보도 빨랐다.
그러나 모여들어 쑥덕공론을 하는 축들이 천냥 만냥꾼들이요, 어느덧
밀수입의 소굴같이 되어 이상한 공기를 빚어 내게 되었다. 간혹은 늙은
것 젊은것 여자들도 나타나서 끼리끼리 속삭이었다. 이것들은 함경도
에서 아편을 속옷 속에 차고 오는 용감한 낭자꾼이라는 것을 차차 알게
되었다. 하여튼 길을 찾아서 소련 장교나 끼고 압록강을 건너 다닐 통
행증만 있으면 짐차, 양처*는 물론이요, 트럭으로라도 한 왕복만 하면
지폐뭉치가 왔다갔다하는 판이니 자연 연줄연줄하여 이런 아늑한 고장
으로 찾아드는 모양이지만, 소련군이 이층을 쓰겠다고 한다는 것도 어
지간히 농락이 아니었던가 싶었다. 호위병을 세우고서 판 차리고 밀수

---

\* 사진(仕進) 정해진 시간에 출근함.
\* 양처(洋車) 인력거.

입 암거래가 마냥 벌어지는 저희들의 꿍꿍이속이었던 모양이다. 사실 한 사날 후에 위층에 소련군 중위가 와서 들었다 하더니만 당장 마당에는 나무가 한 트럭 쌓이고, 위층에 난로를 놓는 길에 아래층에도 큼직한 스토브를 어디서 징발하여 온 것인지 놓더니, 길이 넘도록 쌓아 놓은 통장작을 저의 집 것처럼 들이지펴서 따뜻한 대낮에는 웃통을 벗고도 땀이 날 지경이었다. 나무 값이 나날이 껑충껑충 뛰어오르는 초겨울에 소련 장교가 제 나라에서 가져온 것도 아니겠고 공짜니 때자고 들이지피는 것이겠지마는 하여간 위아래층이 그만큼 통하는 것이었고, 그 바람에 나는 그 이층을 놓치고 말았다.

"노상 어린애야, 키는 짝달막한 게. 그러니 중위쯤 되어 가지구 계집애를 둘씩 차구 있으니, 사령관은 후궁 삼천은 못 돼두 한 삼십 명 끼구 놀겠지."

난로 앞에 꾀는 젊은 사람들의 입에서는 이렇게 씨부렁대는 소리가 나왔다.

"사령관에게 조선 여자만은 손을 대지 말라고 명령을 해 달라고 청을 하니까, 사령관 말씀이 사 오 년 동안 전지로만 휘돌다가 온 우리 부하라는 것을 양해해 주시오 하고 대답하더라든가, 흥!"

이런 소리도 누가 꺼낸다. 그러나 다행히 위층에 주야로 교대해서 번을 든다는 두 계집아이는 일본 처녀라 한다.

키가 작달막한 노상 어린 중위라니 저번에 우리 집에 닭도둑처럼 들어와서 '아버지' 하고 악수를 하고 가던 그 자식은 아닌가 하고 혼잣생각을 하면서 밤번, 낮번을 돌려가며 든다는 그 일본 계집애가 어떤 집 아이들인지 궁금도 하고 가엾은 생각이 들었다.

어느 날인가 변소에서 나오다가 위층에서 물통을 들고 내려오는 계집애와 딱 마주쳤다. 계집애는 주춤하며 깜짝 놀란 눈으로 말똥히 바라보다가 선뜻 마음을 돌려 상긋이 웃음을 지어 보이며 지나쳐 부엌으로 들어갔다. 수도의 물을 길러 내려온 것이다.

'어디서 본 애다.'

하는 생각과 그 해말간 예쁘장한 모습에 끌려,

"어디선가 본 법한데 언제 이리 왔나?"

하고 부엌에다 대고 소리를 쳤다.

"네, 묘심사 뒤에 사시죠? 이런 데서 뵐 줄은 몰랐어요."

물고동*을 틀고 돌아다보며 의외로 정답게 대꾸를 한다. 딴은 소련 군인이 닭도둑처럼 들어왔던 이튿날 일본 사람이 인사왔을 때 대문간에서 기웃거리던 계집아이들 틈에서 눈에 띄던 한 아이였다. 노서아 사람 옆에 시중을 들고 있느니만큼, 얼굴빛이 같은 이 늙은 사람이 정다운 눈치인지도 모르겠다.

"허! 어떻게 이리 오게 됐나?"

나는 부엌으로 발을 옮기며 일본 사람의 생활이며 위층 소식을 듣고 싶어서 호기심을 가지고 말을 다시 붙였다. 처녀는 얼굴빛이 살짝 붉어지며 우울한 기색으로 눈을 내리깔았다.

"지금두 그 절에 있나?"

"아뇨."

"방을 다시 얻은 게로군?"

처녀는 생긋 웃어만 보인다. 노서아 장교의 시중을 들게 된 덕분에 저의 식구만 수용소에서 빠져나온 눈치다.

오늘은 원고 정리의 손을 떼는 날이었다. 한편으로는 신문사니 극장, 인쇄소들의 관리 기구와 운영 방식의 조직 편성을 추진시키면서, 한편으로는 나 개인의 사업으로 한자 삼천 자를 추려서 중등 이상 학생을 상대로 한 소자전을 편찬하기로 착수하여 두 달 동안이나 걸린 노력이

---

* 물고동  수도꼭지.

끝을 맞게 된 것이다.

중앙에서는 한자를 전폐할 방침이라는 것을 라디오로도 듣고, 서울 갔다 오는 사람마다 전하여 오지마는 나는 코웃음을 치면서 하나는 내 공부 삼아, 하나는 서울 올라가면 당장 출판에 걸어 보겠다는 생각으로 오륙 종의 자전을 놓고 불철주야하고 편찬에 노력해 온 것이다.

저녁때 원고 가방을 끼고 김 과장 집에서 나오려니까 뒤에서 통통통 구둣발 소리가 나며,

"선생님!"

하고 다가오는 기척에 돌아다보니 위층의 그 계집아이다. 손에는 헝겊으로 만든 핸드백을 들었다.

"아래층에서 식모를 구한다죠?"

"응, 그러나 봐."

어정쩡한 대답이었다.

"우리 어머니 와 계시게 할까 하는데요?"

하고 내 눈치를 본다.

"아무래두 좋겠지. 어머니 올해 몇이신데, 그런 일 해내실 수 있을라구?"

"갓 마흔이세요. 하면 하죠 뭐."

김 과장에게 식모를 구해 달라는 부탁을 받았다는 것이다. 요즈음에는 일본 여자들이 조선 사람의 집에 식모살이를 구해 다니기도 하고, 웬만한 집에서는 대개들 일녀 식모를 두고 있다. 해방 이후에는 조선 여자 식모가 없어지기도 했지만, 일녀들은 첫째 먹는 거와 잠자리가 수용소보다는 편하고, 이남으로 따라내려갈 길이 뚫리려니 싶어서 아무쪼록 조선 사람과 인연을 맺자고 그러는 것이었다. 노서아 장교란 어떤 위인인지 그 덕에 다시 방칸이라도 얻고, 식량이며 땔나무라도 공짜로 얻는 모양이나, 이남으로 내려가는 조건만은 아무래도 조선 사람에게

매달려야 할 형편인 것이다.

3

이틀쯤 후에 김 과장이 들어앉았는 공일날, 식모로 선을 뵈러 온 처녀의 모친은 얌전한 중년 부인이었다. 마지못해 나섰겠지만 식모살이로서는 아까운 여염집 아낙네였다.

"마침 이 애가 저 위층에 드나들게 됐기에 보살펴두 줄 겸 나두 가만히 들어앉았으니 나서 보려는 겁니다마는……."

아무리 보아도 이때껏 식모를 부리었을 사람이라, 악에 받쳐서 나서기는 하였어도 수줍은 태도였다.

"주인양반은 뭘 하셨나요?"

저만큼 떼 놓고 바라보는 그런 감정이면서도 얼마쯤 동정과 호기심을 가지고 나는 옆에서 말을 붙이었다.

"지금 안 계셔요."

되도록은 말을 피하려는 눈치였다. 나중에 김 과장에게 들으니 남편은 지방법원 판사였다고 한다. 이 아낙네가 이 집에 와서 살게 된 뒤, 그 지방법원 판사가 경찰 사법관계의 고관들과 함께 시베리아로 추방되었다는 말과, 또 위층의 장교가 주선을 해서 어쩌면 무사히 되돌아오게 될지도 모른다는 말을 들었다.

위층의 딸과는 달라서 아래층의 어머니는 이 집 살림을 맡아 보기도 하거니와 추운 날씨에 통근하기가 싫다고 아주 금침을 가져다 두고 묵었다. 손님이 뜸하고 조용한 한나절에는 책상머리에서 떨어져 난로 앞으로 다가와서 나하고 곧잘 이야기가 어울리기도 하였다. 언젠가는 위층에서 딸이 내려온 것이라고 조그만 보드카 병을 따고 달걀 삶은 것을 내놓아서 의외의 대접도 받았다. 저번 날 노서아 장교가 침입했을 때

절간에는 손을 대지 않게 해 주었다는 좋은 인상과, 이 집에 와 있게 말을 잘해 준 인사로도 그러는 것이겠지마는, 서울까지만 데려다가 주면 거기서부터는 곧 일본으로 갈 수 있으리라는 희망에서 이판에 이런 융숭한 대접을 하는 것인 모양이다.

위층의 장교라는 아이가, 키가 작달막하고 얼굴이 오종종하다니 저번에 남을 놀래 주던 닭도둑놈이나 아닌지? 하여간 하고한 날 생돼지고기와 달걀 삶은 것만 먹는다니 계집아이 둘을 낮번, 밤번으로 끌어들여 놓고 쥐죽은 듯이 자빠져 있기만 하니까 그런지도 모를 것이나, 하여간 그 덕에 얻어걸린 술이요 달걀이었다.

대관절 장교란 자도 보고 싶고 밤번을 든다는 아이도 누구인지 궁금하나 일체 눈에 띄지 않는다. 그러자 하루는 아침 후에 김 과장 집에를 가 보니 식모가 눈에 띄지 않는다. 아래도 조용하고 위층도 감감하기에 그런가 보다고 내버려 두었더니 점심때쯤 되어 식모가 달려들며 자기 남편이라고 머리가 반백이나 되고 누런 홀태바지 작업복을 입은 남자를 내게 소개하는 데는 좀 얼떨떨하였다.

물론 내게 소개가 급한 것이 아니라 풀려 돌아오게 해 준 위층의 장교인지 사위인지한테 인사를 온 것이었다.

얼굴을 번듯이 마주 들지 못하면서 그저 꿉적꿉적 비슬비슬하는 눈치가 가엾기도 하거니와 군대바지에 도쿠리셔츠*를 입은 양이 어느 집 비부쟁이* 같다.

"한편 다리가 신경통이 도져서 몸을 제대루 가누지두 못한답니다."

아내의 설명이었다.

그래도 곁눈질을 슬쩍 뜨는 그 눈치라든지, 꼭 다문 입모습이 어딘지 지식 있는 사람의 점잖고 아무진 데가 있이 보였다.

---

* 도쿠리셔츠  옷깃의 모양이 아가리가 잘록한 술병처럼 생긴 셔츠를 일컫는 일본말.
* 비부쟁이  계집종의 남편.

이 날은 위층에 올라가서 인사만 하고 가는 눈치였다.

—— 전쟁이란 무서운 거다. 진다는 것은 이렇게도 비참한 것인가 ——.
하고 나는 혼자 책상 앞에 멀거니 앉아 있었다.

며칠 후에 군화 소리가 창 밖 마당에서 저벅저벅 나더니 문을 삐걱 열고,

"미네 미네."
하고 식모를 부르는 소리가 난다.

남편이 왔나 보다고 가만히 귀를 기울이고 있었다. 숙설숙설하고 식모가 위층으로 올라가고 하더니 다시 잠잠하여졌다.

나는 피로한 끝에 난로 앞으로 건너가며,

"요새 영감의 다리가 낫소?"
하고 말을 붙이었다.

"부대에 취직이 됐죠. 지금두 위층 장교더러 나오라구 알리러 왔었어요."
하고 식모는 위층의 기척을 엿듣듯이 그리로 귀를 기울이는 것이었다.

"영, 잘됐구면."
하고 나는 대꾸를 하다가 위층에서 쿵쿵쿵 내려오는 발소리에,

'그 장교란 누군가?'
하는 늘 궁금해하던 호기심에 문이 열린 틈으로 내다보니, 층계에서 툭 튀어내려오는 군복 입은 조그만 몸집이 바로 보름께쯤 전에 우리 집에 뛰어들어,

"아버지!"
하고 악수를 하고 가던 그자가 아닌가! 나는 어이가 없어 벙벙히 난로 앞에 섰었다.

# 절곡

## 1

영탁 영감의 헝거 스트*는 어제부터 또 시작이 되었다. 영탁이의 단식은 실은 툭하면 시작되는 예증이었다. 시초는 대개가 대수롭지 않은 내외싸움에서였다. 말다툼이 손찌검까지 가서, 권투보다는 좀더 구경거리인 늙은이들의 활극이 벌어져 가지고는 아무래도 체질이 약한 영감이 한두 번이라도 더 쥐어질리고 힘이 부쳐 헐레벌떡 방에 들어가 누워 버리면 그 날부터 사흘은 곡기를 끊고 일어나지를 않는 것이다.

그럴 때마다 영감은 안방 웃목에 자리보전을 하고 누워서 끼니 때마다 옆에서 밥먹기가 송구스러웠는데, 이번에는 아이들의 공부하는 아랫방에 들어가 누웠기 때문에 학교 가는 삼남매가 안방으로 책을 꾸려 가지고 올라오고 법석들이었다. 그 옆의 방에는 병자인 둘째 딸이 누워서 깽깽 앓는다.

어른·아이 나갈 사람은 다 빠져나가고, 안방마님은 머리를 빗는지,

---

* 헝거 스트  헝거 스트라이크(hunger strike). 강렬한 항의를 나타내거나 요구를 내세울 때 음식을 끊고 시위하는 것.

식곤증에 한잠 들었는지 또드락 소리도 없고, 영감 방에서도 쥐죽은 듯이 기척이 없으니 괴괴한 집안 속에는 뜸했다가는 숨이 넘어갈 듯이 헐떡거리곤 하는 병자의 신음소리만 유난히 커다랗게 들린다. 일 년짝이나 두고 그저 그 턱으로 끌어오던 긴 병이라, 이제는 집안 식구들도 시들해져서 다잡아서 보아 주는 사람도 없지마는, 그래도 며칠 전까지도 기동을 해서 부엌일도 거드는 체하고, 우물가에 나와서 제 빨래도 하곤 하였는데, 요새로 몸져누워서는 쪽 빨린 얼굴이 금시로 더 하얗게 세고 뒷간 출입에도 영 기다시피 하는 것이다.

부엌을 치우고 나온 며느리는 안방을 들여다보고,

"어떻게, 아버지께 뭘 해 들여보내야 하지 않아요? 아가씨두 엊지녁두 안 먹었는데요."

하고 의논을 하였다.

"뭐 있니! 네 재주껏 해 보렴."

머리를 빗고 있던 시어머니는 돌아앉은 채 핀잔 주듯이 대꾸를 한다.

"쌀 한 줌쯤은 남았죠마는……."

"그럼 흰죽을 쑤구, 기름 간장에 먹게 하렴."

마님은,

"병인을 그렇게 먹이란 말이야."

영감 걱정을 하는 것은 아니었다.

"아침 진지를 떠 두긴 했습니다만 꾸드러진 보리밥을 빈 속에 어떻게 잡수래요?"

그러나 며느리는 차마 이밥을 다시 짓겠다고 입을 벌리지는 못하였다. 어제 그 싸움이, 즉 이번 헝거 스트의 동기가 밥 사단 때문이었던 까닭에, 오늘 아침밥을 풀 때도 시아버님 것을 흰 데로 담아 둘 수가 없었던 것이다.

요새처럼 값이 한 가마니에 이만 환을 오르내릴 때는 말할 것도 없지마는 아홉 식구나 되는 대식구인데 몇 달만큼씩 밀려서 나오는 남편의 공무원 배급이라는 것이 태반은 잡곡이고 보니 일 년 열두 달 맨쌀밥만 먹는다는 것은 생각도 못할 노릇이다. 그나마 시아버지는 술·담배를 모르고 식성에 태가 없으니 밥이면 밥, 죽이면 죽, 잡곡 섞인 것쯤은 예사요, 깡보리밥이라도 소리 없이 자시지마는, 시어머니는 어려서부터 귀엽게 자라서 도무지 잡곡은 입에 댈 수가 없다는 것이다. 그러니 한 솥의 밥을 푸는 데도 층이 많아서 가운데의 흰 것으로만 시어머니 것을 먼저 푸고 나서 시아버지 밥이거나 남편의 점심을 그대로 섞어서 좀 나은 데로 골라 담으면, 나중에는 깡보리밥에 흰 알이 드문드문 눈에 띄게 되는 것이다.

그런데 어제 아침에는 며느리가 당장 입고 나갈 남편의 와이샤쓰를 부리나케 다리느라고 꾸물거리는 동안에 회사에 나가는 큰딸 혜옥이가 제가 급하니까 부엌에 뛰어들어가서 밥을 대신 펐다. 그나마 쌀이 떨어져서 이 날은 반도 못 섞었는데 저 밥을 어떻게 푸나 하고 걱정이던 판에 시뉘가 푸니 잘되었다는 생각을 하면서,

"작은아가씨 밥은 흰 데루 조금만 담아 두우."

하고 일렀다.

병인도 그 동안은 하는 수 없이 보리 섞인 된밥을 그대로 먹여 왔지마는, 몸져누운 뒤로는 그래도 인정이 그럴 수가 없어서 흰 데로 담아 주어 왔던 것이다.

"모자라진 않습디까?"

며느리는 밥을 푸다가 마지막에는 자기의 몫을 풀 수 없게 모자라고 마는 때가 하두 많았기 때문에 다림질을 끝내고 부엌으로 내려오며 묻는 것이다.

"뭐, 어떻게 하는 수가 있어야지. 오늘은 어머니 진지에두 보리가 좀
  섞였다우. 아이들 점심은 깡보리야, 깡보리."

하고 혜옥이는 우습지도 않은 웃음을 해죽 웃었다. 실상은 보리 섞은 밥은 늘 점심으로 담아 가지고 다니는 것이 동무 보기에도 창피스러운 생각이 있는지라, 오늘은 오라비 것과 제 점심밥을 하얀 것으로 살짝 담고 병인의 것 담아 놓고 나니 어쩔 수가 없어서 어머니 것도 섞어서 푼 것이었다.

남매가 후딱 아침을 먹고 점심을 들고 나간 뒤에 여자 중학에 다니는 셋째년 혜란이가, 깡보리야 깡보리야 하는 형의 말을 들은지라, 밥상에 달려들면서 제 점심밥부터 열어 보았다

"난 싫어, 난 안 가지구 갈 테야."

깍두기쪽에 고추장덩이를 넣은 점심을 동댕이를 치듯이 밀어 놓고 입이 부었다.

"뭘, 언니는 저만 흰밥을 담아 가지구 가구! 그래서 제가 앞질러 푼다

구 그랬지."

혜란이는 본 듯이 좋알거렸다. 둘째놈, 셋째놈도 제각기 열어 보고는 덩달아 툴툴대었다.

"왜들 법석이냐! 어디 보자."

세수를 하고 들어온 어머니의 눈은 아이들 점심을 훑어보고 자기의 밥사발로 갔다. 마님의 입은 삐쭉하였다.

"고년이 제 입만 알어. 애, 그 혜숙이 밥 떠놓은 것, 이리 가져오너라."

부엌에다 대고 소리를 쳤다.

"제 입만 알긴! 어린것들이 그렇지, 어른은 별수 있던감?"

영감이 상머리로 다가앉다가 시끄러워서 눈살을 찌푸리며 한 마디 하였다. 큰딸을 역성들자는 것이 아니라 혜옥이가 취직을 갓 했을 때는 그렇게 떠받들던 마누라가 요새는 집에 들여 놓는 것이 얼마 안 되니 틈틈이 야단을 치며 공연히 미워하는 그 변덕과 현금주의가 못마땅해서 그러는 것이요, 오늘은 자기 밥에도 보리가 섞인 것이 못마땅해서 저러거니 싶어서 불쑥 나온 말이었다.

"어른두 별수 없다니? 응, 나한테두 보리밥을 못 먹여 직성이 안 풀려 하는 소리지. 염려 말아요! 영감 덕에 얻어먹는 거 아니니……."

영감은 모른 체하고 수저를 들었다.

마님은 며느리가 들이미는 것을 받아 그 위에 자기 밥을 반이나 덜어 뒤적뒤적 섞으며,

"잘 먹이지도 못한 데다가 먹으려면 끌꺽거리고 오르내리는 보리밥을 먹고 어서 나두 재처럼 되라는 거야?"

하고 또 푸념을 한다.

"그래 가뜩이나 입맛이 제쳐진 애를 뭘 먹일 작정으루 그거나마 없애는 거야?"

영감은 병인의 밥을 없애는 데 화를 버럭 내며,

"이 자식들, 아무거나 싸 주면 가지구 가는 게 아니라……."

하고 어린것들을 나무란다.

"어린것들을 나무람 뭣 해. 밥 한 덩이를 가지구 가란 데는 것이 가엾지! 이게 다 뉘 탓인가, 생각 좀 해 봐요."

마님은 점심밥을 빈 대접에 폭폭 쏟고, 지금 섞은 새 밥을 다시 담으며 영감에게 또 복장을 대다가,

"앓는 애가 먹긴 뭘 먹겠기에. 공연히 부엌 속에서 없애 버리느니 성한 애들이나 먹여야지."

하고 혼잣소리를 한다. 부엌 속에서 없어진다는 것은 결국 며느리가 먹어 버린다는 말이다.

"내, 이렇게 먹는 데 더러울 수야 있나! 보리밥 한 덩이 얻어먹는 거나마 제대로 못 삭이겠다."

영감은 숟가락을 탕 내던지고, 부리만 딴 밥그릇 앞에서 물러나 앉았다.

"차라리 문전걸식이 낫지! 왜 나 같은 몸은 붙들어 가지 않누."

앓는 딸이 불쌍해서도 대신 붙들어 가 달라는 말이었다.

"누가 아니래!"

마누라가 추근추근히 대꾸를 하니까,

"흥! 그게 말이라구 하는 거야? 그래두 천당 가겠다구 예수를 믿어?"

하고 영감은 코웃음을 치며 일어섰다.

"낡은 육십, 칠십에두 자동차만 붕붕 날리며 다닙디다! 당신은 머리가 셌수? 허리가 구부러졌수? 입만 살았구려. 왜 예수님은 쳐들우!"

이제는 이만 정도로 영감이 핵 나가 버렸기 때문에 손찌검이 왔다갔다하지는 않았지마는, 보지 않아도 복덕방에나 나가 앉아서 해를 보냈을 영감이 어디에서 걸렸는지 먹을 줄 모르는 술 한잔에 지척거리며 어

슬녘에 들어와서는 아랫방으로 들어가 쓰러진 것이었다.

자기가 딸 대신 붙들어가지를 않는다는 한탄에, '누가 아니래!' 하고 맞장구를 치던 마누라의 한 마디가 늙은이 마음에 뼈가 저리게 야속해서, 다시는 마누라의 얼굴도 보기 싫은지 안방에를 아니 들어간 것이었다.

시어머니가 나가는 길에 아랫방 딸의 방문을 열고 알은 체를 하는 소리가 나기에, 부엌에서 쌀을 씻던 며느리는 쫓아나가서 뒤에서 기웃이 들여다보았다. 몸져누운 뒤로는 그 방을 혼자 들여다보기가 실쭉하였기 때문이다.

"이젠 죽을 쑤어다 주거든 먹기 싫어두 좀 먹어라. 병원에 입원할 길을 뚫어 보구 일찍 들어오마."

모친이 병자를 위안시키느라고 이렇게 일러 놓고 창문을 닫으려니까, 가슴을 벌렁거리며 눈을 감고 있던 병인이 눈만 반짝 치뜨고 쳐다본다. 걷어질린 눈자위가 뒤룩뒤룩하며 흰자위가 커지는 것이 누구를 나무라는 듯이 노기가 등등해 보여서 올케는 찔끔하며 등줄기가 선뜻하였다. 시어머니의 눈치를 넌지시 보았으나 아무렇지도 않고 심상하였다.

마침 풍로에 밥을 놓고 나니까 건넌방의 아이가 깨어서 울기에, 며느리는 뛰어들어가서 젖을 먹여 업고 나와서 아버지 상을 차렸다.

"아버지, 진지 잡수세요."

상을 들고 아랫방 웃간에 들어가서 돌아누웠는 시아버지를 깨웠다.

"응, 아기냐? 나 안 먹어. 먹구 싶지 않다. 내가라."

시아버지는 한참 만에 꿈 속같이 짜증 내는 소리를 하였다.

"어젠 약주를 잡순 것 같던데요. 뜨뜻한 국물이라두 마시세요. 해장을 하셔야죠."

김이 모락모락 나는 된장국물이 식는 것이 아까웠다. 밥도 갓 지은 것이라 야드르한 하얀 밥에서 김이 무럭무럭 났다. 그러나 돌아누운 시아버지는 다시는 대꾸도 없다. 며느리는 언제까지 그러고 기다리고 섰을 수도 없고 풍로에서 끓는 병인의 죽이 탈까 싶어서,

"어서 조금 잡수세요."

하고 한 마디 남겨 놓고는 나왔다.

병인의 죽을 예반에 차려 가지고 아랫방 앞을 지나려니까,

"애, 금례야 이 상 내가거라."

하는 시아버지의 소리에 금례는,

"예."

하고 대답만 하고는 병실로 들어갔다. 어째 마음이 선뜻하고 등에 업힌 어린것이 있느니만큼 덜 좋았다.

작년 이맘때 동리의 심 내과 의사를 데려다 볼 때도 폐병이라 하며, 이러다가는 고비를 못 넘길 테니 주의하라 하였고, 지난 봄에는 점점 침중해 가는 것 같아서 시립병원에를 데리고 가서 시료실에라도 입원을 시키려 하였으나 퇴짜를 맞고 왔는데, 그래도 시어머니는 여전히,

"폐병이 무슨 놈의 폐병야, 숨찬증이지. 그깐놈의 의사들 뭐 안다든!"

하고 우기는 것이었으나, 집안의 젊은 애들은 무어 좋은 일이라고 마주 우길 수도 없어서 그저 그런대로 내버려 두고 지내 오기는 하지만 늘 마음에 꺼림칙한 것이었다.

"언니, 나까지 누워서 시중을 들게 하구 미안하우."

병자는 간신히 일어나서 그래도 보안 죽이 마음에 드는지 반색을 하며 숟가락을 드는 것이었다,

"온 별소리를!"

하며 올케는 마음에 좋기도 히고, 병인이 가엾기도 하였다.

"어머니 병원에 가 보신댔지? 난 병원에 안 들어갈 테야. 언니나 따라가 준대면 모르지만, 나만 갖다 내버려 두구 밤낮 나돌아다니시면

난 어쩌라구."

병인은 입이 써서 첫눈에 볼 때와 다른지 얼굴을 찡그려 가며 죽을 간신간신히 조금씩 마지못해 떠 넣으며, 벅찬 숨 새로 떠듬떠듬 이런 소리를 하는 것이었다.

"뭘, 그래두 입원만 된다면 들어가야지. 아무러면 어머니께서두 내버려 두구 나다니실라구."

한 탕기밖에 안 되는 죽을 간신히 반쯤 먹고 물려 놓는 것을 금례가 들고 나오려니까, 옆방 문이 득 열리면서 밥상을 들어내 놓고 문을 딱 닫는다. 밥상이 아니라 원수 같은 모양이다. 건드리지도 않고 그대로 있다.

## 2

이튿날 아침을 해치우고 나서 병인을 씻기고, 새 옷을 갈아 입히고 병원에 데리고 갈 차비를 차리기에 부산하였다. 지난 봄에 퇴짜를 맞은 시립병원에 다시 가야 별수 없겠기에 이번에는 같은 교인의 소개를 얻어 가지고 대학 부속병원에 가서 교섭을 하니까 데리고 오라는 것이었다. 그러나 어젯밤에 모친이 들어와서 그 이야기를 하니까 병자는 도리질을 하는 것이었다.

"난 싫어. 약만 먹으면 낫겠지. 약이나 얻어다 줘요."

아까 올케에게 말하듯이 잘 나다니는 어머니가 육장 곁에 붙어 있어 줄 리도 없겠으니 혼자 떨어져 가 있기가 싫다는 생각이지마는, 오늘도 곧 다녀 들어오마던 어머니가 밤늦게야 돌아오는 것을 보고 온종일 쓸쓸히 기다렸던 것이 분하다는 듯이 목이 메어서 훌쩍거리며 싫다는 것이었다. 그러나 마님은 병원 교섭하러 다니기에 바쁘기도 하였겠지만 쌀 한 톨 없는 집안에 병인은 이 지경인데, 덧붙이로 영감마저 머리를 싸매고 누웠으니 시산해서 여기저기 놀러다니다가 저녁밥까지 얻어먹고 느지막이 들어온 것이었다.

"널 맞붙들구만 있으면 뭘하니. 그건 고사하구 당장 내일 가자면 자동차 삯이 걱정이다."

"자동차 삯은 어떻게 되겠죠."

따라들어와 섰던 며느리가 얼른 대꾸를 하니까 마님은 반색을 하며,

"엉? 얘가 뭘 좀 해 왔니? 그래 저녁은 어떻게 했니?"

하고 그제서야 묻는 것이었다.

"예, 좀 변통해 가지구 들어와서 쌀 한 말 팔구, 아가씨 먹구 싶다는 거 해멕이라구 좀 해 놓은 게 있어요. 고깃국을 해 났더니 아가씨도 입이 쓰다구 안 먹구, 아버님께서도 영 마다시구……."

"얘야 입맛이 제쳐져서 하는 수 없지만, 늙은이가 고깃국물이 생겼으면 마셔 둘 일이지 뭣 때문에 트집야. 멍석대죄를 드리라시던? 얘, 그 장국 국물 내나 먹자. 그리구 그 돈 얼마 남았니, 이리 다우. 얘 과일이나 좀 사다 줘야지."

하고 마님은 일어섰다. 마님은 며느리가 내놓은 돈을 받아 가지고 가게에 나가서 사과를 사다가 아이들부터 하나씩 안기고, 병인에게도 깎아 들여보내게 하고는 영감 대신으로 고깃국에 밤참을 먹었다.

어쨌든 이렇게 해서 오늘 손쉽게 입원을 시키게 된 것이다.

금례가 아이를 들쳐업고 큰길에 나가서 자동차를 붙잡아 가지고 와서는, 아이를 내려놓고 자리보따리를 날라내가고, 발을 가누지 못하는 병자를 업어내가고 한참 분주하였다.

"에구! 너만 혼자 애쓴다. 어쩌자구 자식이 이 지경인데 날 잡아잡수 하구 자빠졌단 말이야."

마님은 영감이 누워 있는 방을 흘겨보고 혀를 끌끌 찼다. 그러나 영감은 그것을 들은 체 만 체하고 방문을 득 열고 앉은 채 해쓱이 여윈 얼

굴을 내밀고,

"얘, 가니? 아버지두 기동하면 이제 병원으로 보러 가마."

하고 업혀 나가는 딸의 뒤에다 소리를 치다가 가슴이 막혀서 반은 울음 섞인 소리처럼 헛허허 하고 빈 속에서 허청 나오는 소리를 내며,

"금례야, 너 오는 길에 아주 영구차 하나 불러 가지구 오너라. 나두 아주 이 길에 담어내가 다우."

하고 소리를 바락 질렀다.

병인을 업어다가 자동차 속에 뉘고 뛰어들어온 며느리는,

"어이, 아버니 어서 드러눠 계세요. 화가 나셔두 참으셔야지 어쩝니까. 저두 병원에 따라갑니다. 주무시지 말구 집 잘 보세요."

하고 마루에 내려뉘었던 아이를 냉큼 업고 쏜살같이 나간다.

"허어, 네가 고생이로구나!"

영감은 그래도 연삽삽한 며느리가 의지가 되니까 그렇지마는, 남의 자식 데려다가 미안하다는 생각에 이런 탄식을 하며 미닫이를 탁 닫아 버렸다.

"망령이시지, 아버닌 왜 그런 소리를 하시는지!"

자동차는 울리고 병인의 글겅거리는 신음소리는 더 심해져서 정신이 얼떨떨한 속에서도 금례의 머릿속에서는 영구차를 끌고 오라는 시아버지의 말이 잊혀지지를 않아서 혼잣소리를 가만히 하는 것이었다.

"객기루 괜히 해 보는 소리지."

시어머니는 듣기 싫다는 듯이 눈살을 찌푸렸다. 그러나 금례는 신경이 날카로워진 반 병인이나 다름없는 노인을 빈 집에 혼자 두고 나와서 홧김에 무슨 일을 저지르지나 않을까 하고 애가 쓰이는 것이었다.

병원에 가서도 업은 아이는 시어머니가 받아 안고 금례가 짐을 나르랴, 병인을 업어 들어가랴, 혼자서 쩔쩔매며 땀을 뻘뻘 흘렸다. 그러나 의사가 첫눈에 진찰 여부 없이 놀라는 기색으로 눈살을 잔뜩 찌푸리고

한참 환자를 바라보더니,

　"언제부터 앓기 시작한 거요?"

　"그 동안 의사는 뵀나요?"

하고 퉁명스럽게 연거푸 묻는 것이었다. 금례는 밖에 놓아 둔 짐을 지
키느라고 진찰실에는 마님만 들어갔었는데, 의사는 이쪽 대답은 듣는
둥 마는 둥 하며 그저 겉치레로 저고리를 벗기고, 청진기를 앙상히 뼈
만 남은 가슴과 등에 대어 보더니,

　"당신이 어머니가 되슈?"

하고 또 핀잔을 주듯이 묻고는,

"어쩌면 이 지경이 되도록 내버려 두었단 말씀유!"

하고 환자가 듣거나 말거나 얼굴이 뜨뜻하게 마구 책망을 하는 것이었다.

"그저 살기에 얽매여서 약두 제대루 변변히 못 썼습니다만……."

혜숙이 모친은 아뿔싸 여기서도 퇴짜로구나 하는 생각에 어리둥절하였다. 또 그러나 어차피 살지 못할 바에야 신통치도 않은 무료 병실에 입원을 시켜 가지고 오래 끌기나 하면 날은 추워지는데 성한 사람까지 매달려서 고생하느니보다는 집 속에서 편안히 숨을 거두게 하는 편이 차라리 낫다고 생각하는 것이었다. 혜숙이가 몸져 눕기 시작하자, 아이들이 어서 입원시키라고 그렇게 졸랐건마는 머뭇머뭇하고 있었던 것도 결국 자기 혼자 매달려서 병구원을 해내지 못할 것이니 그 고생을 당해낼까 무서워서 딱 결단을 못 하였던 것이다.

의사가 쪽지 하나를 써서 간호부를 주니까 간호부는, 이리 데리고 오라고 하여 옆의 방 한 구석으로 간신히 끌고 가서 주사 한 대를 맞히었다.

"어서 가세요. 빨리빨리 서두르세요."

간호부는 하도 딱하다는 기색이면서, 그러나 역시 쌀쌀히 핀둥이를 주는 말씨였다. 먼젓번 시립병원에서는 여러 환자는 있는데 이런 환자는 전염될까 봐 못 들이겠다던 것이었지마는 이번에는, 다 죽게 된 것을 데리고 와서 송장을 치워 달라는 것이냐? 병원은 사람을 고치는 데지 송장 치는 장의사는 아니라고 무언중에 분개를 하는 눈치들이었다. 그래도 간호원이 따라나오며 또 한 번,

"조심해 얼른 가세요."

하고 주의를 시키는 것을 보면 가다가 숨이 넘어갈까 봐 염려가 되는 것이겠지마는, 언제 보았다고 그렇게 친절히 일러 주는 것이 고맙기도 하기는 하였다.

금례만 죽어났다. 또 아이는 내려서 시어머니한테 맡겨 놓고, 긴 복

도를 짐을 다시 끌어 내고, 환자를 업어다가 문간에 놓은 짐에 기대어 앉혀 놓고 나서, 한숨 돌릴 새도 없이 자동차를 부르러 달음질을 쳐 나가면서,

'아이구 내 팔자두 혼쭐나게 타구났다!'

하고 지친 끝의 긴 한숨을 내쉬었다. 그러나 이 둘째 시누이는 어머니 편보다는 아버지 편을 닮아서 예쁘장하고 상냥스럽기도 하거니와, 자기를 따르느니만큼 그저 불쌍한 생각에 괴로운 줄을 몰랐다. 이제야 겨우 열여덟, 중학교만 마치고 병이 든 것이지마는, 잘 먹지도 못하고 학교 다니느라고 골병이 들어 버린 것이 가엾고 아깝다.

자동차 소리에 또 동리에서 아낙네들이 우중우중 나와서 바라보며 수군거린다. 어쩐지 창피스러웠다. 아랫방에서 시아버지의 해멀건 얼굴이 내다보는 것과 마주치자 금례는 헛걱정을 공상으로 하던 것을 속으로 웃었으나, '허' 하고 대통에서 김을 뿜듯이 긴 한숨을 내쉬는 것을 들으니 처량하였다. 그대로 돌려보낼 수가 없어 으레 한 대 놓아 준 것이요, 가다가 숨이 질까 봐서 놓았는지도 모르지만 그 주사 때문인지 병원에 갔다가 온 뒤로는 숨찬증이 더하고 앓는 소리가 끊일 새 없어 듣기에 애처롭고 송구스러웠다.

"애, 점심 차려라."

시어머니는 나들이옷을 입은 채 한숨 돌릴 새도 없이 재촉을 해서 점심을 먹고 어느 틈엔지 훌쩍 나가 버렸다.

"아무튼 팔자는 좋으셔! 보기 싫고 듣기 싫은 건 다 쓸어 맡겨 놓시구……."

마루끝에 내놓은 밥상을 부엌으로 들고 들어서며 금례는 혼잣소리를 하였다. 숨이 언제 넘어갈지 모르는 것을 내버려 두고 무사태평으로 돌아다니는 이도 딱하지마는, 정말 급히 서두르게 되면 혼자 어떻게 당하라고 자기에게만 쓸어 맡겨 놓는 것인가 싶어서 역심도 나는 것이었다.

"산더미 같은 빨래가 그대루 있는데 아이나 좀 봐 주시질 않구."

누구더러 들어 보라는 것은 아니겠지만 저절로 군소리가 나왔다. 아침을 해치우고는 병인의 치다꺼리에 이 때까지 매달렸었으니 기저귀도 아직 제대로 빨지를 못하고, 아침이면 이 방 저 방에서 몰려나오는 빨래가 그대로였다. 병원에 왔다갔다하느라고 아이도 푹 자지를 못해서 한참 칭얼거리다가 이제야 등에서 잠이 들었다. 병인을 네 차례나 업어 나르기에 어지간히 널치가 되기도 하였다.

"아버지, 인제 무얼 좀 잡수셔야죠?"

끼니때마다 문 밖에 가서 드리는 문안이었다. 점심을 한술 떠먹자니 그대로 혼자만은 먹을 수가 없다.

"아니다, 내 걱정은 마라. 아주 이 김에 십 년 묵은 체증을 끊어 버리련다. 어서 빨래나 하려무나."

금례는, 뜰에서 혼자 중얼거리는 소리를 시아버지가 들은 모양이어서 찔끔하였다. 그러나 영구차를 불러 가지고 오라던 이가 체증을 뚫겠다니 슬며시 웃음이 나왔다.

"아가씨, 어떻게 해 가져올까?"

금례는 주문을 맡으러 다니듯이 다음 방으로 가서 문을 열고 들여다 보았다.

"언니, 애썼수. 고단할 텐데 내 걱정은 말구, 어서 좀 쉬어야 하지 않겠수."

숨이 턱에 닿으면서 띄엄띄엄 쉬어 가며 간신히 모기소리만큼 하는 인사였다. 말이 고마웠다. 금례는 경험이 없지마는 눈자위가 좀더 이상해진 것 같아서 선뜩하기도 하였다.

"고깃국물이 남았으니, 아무리 싫어두 그거라도 마셔 두우."

금례는 얼른 부엌으로 뛰어가서 풍로에 놓고 나온 장국 국물을 따라 가지고 와서, 부축을 해 일으켜 앉히고 호루룩호루룩 마시게 하였다.

병자도 무슨 맛인지 모르겠고, 도리어 성이 가시지마는 올케가 고맙고 미안해서 마지못해 먹는 시늉을 하는 것이었다.

3

학교에서 돌아온 아이들은 누이가 입원을 못하고 그저 방 속에 누워 있는 것을 보고, 무슨 큰 기대나 어그러진 것처럼 멍하니 실망한 빛이었다. 이제는 병이 절망이라는 데에 낙심 되어 그런 생각을 할 만큼, 지각이 들어서 그런 것은 아니었다. 그렇다고 원수지간을 대서 그런 것도 아니었다. 다만 어머니는 아니라고 한사코 속이지마는, 폐병균이 무서워서 그 불안에서 벗어날 줄 알았더니 하는 가벼운 실망이었다.

회사에서 혜옥이가 돌아오더니 울상이 되어서,

"에그 어머니두……."

하고 이 때까지 꾸물꾸물 내버려 둔 어머니를 원망하였다.

"그래, 어머닌 어디 가셨수? 난 몰라, 오늘부턴 안방으로 들어가 잘 테야. 앓는 사람은 어머니가 끼고 주무시라지."

차마 병인의 귀에 들어갈까 보아서, 부엌 속에서 올케에게 소곤소곤 짜증을 내었다. 워낙 혜옥이는 동생과 한 방을 써 왔기 때문에 그대로 병인 옆에서 잤던 것이나, 어머니가 바꾸어 주지를 않고 밤중에라도 그 시중을 들게 하는 것이 불평이었다. 그러나 모친이 한사코 병을 숨겨 주는 것은 당자를 위해서도 그렇지마는 집안 아이들을 안심시키고 싶어하는 내색을 보이지 않게 하자는 것과, 또 하나는 약도 제대로 쓸 수 없고 먹이는 것두 이루 댈 수가 없으니 그저 쓸어덮어 두자는 것이었다.

혜옥이는 그 앓는 소리가 쉴새없이 심해진 데에 이제는 아주 정이 떨어져서, 옷을 벗으러 들어가서도 그 앞에 잠시를 앉았기가 무섭고, 그렇다고 금침이며 제 세간을 부득부득 끌어내오기는 좀 야박스러운 것 같고 하여 툴툴거리며 짜증만 낸다.

그러자 어머니가 들어오고, 오빠가 파사해 나오고 하여 병인을 들어가 보고들 나오더니 수군수군 의논을 하고 병실의 세간을 모조리 끌어내고 방 안을 말끔히 치웠다.

"아버지, 이젠 저 애가 아주 글렀는데요! 어떻게 진지를 좀 잡수셔야죠."

큰아들 경순이는 컴컴한 부친의 방에 들어가서 전등을 켜고 눈을 감고 누운 이를 깨웠다. 영감은 잠이 깊이 들었는지 그린 듯이 누워 있다.

"주무세요? 어서 일어나셔서 진지를 잡숫구 기동을 하십쇼. 저 애가 이 밤을 넘기가 어려울 것 같습니다."

"알았어, 그 애 죽는 것하구 나 밥 먹는 것하구 무슨 아랑곳이 있다던? 언젠 그 애 죽을 줄 몰랐던?"

부친은 역정을 와락 내며 돌아누워 버렸다. 밥 먹으라는 말이 듣기 싫다는 것보다도 약도 변변히 써 주지도 않고 죽기만 기다리고 있었더냐? 하는 마누라와 아들에 대한 꾸지람이요, 폭백이었다. 경순이는 찔끔해서 묵묵히 부친의 뒤에 섰다가 나왔다.

'뻔히 알다시피 성한 사람이나 벌어 먹이려고 허덕허덕해도 굶을 지경인데, 누가 약을 안 써 주랴서 못 썼겠습니까?'

하고 곧 대답이 나오는 것을, 이럴 때가 아니라고 꿀꺽 참고 나온 것이었다.

안방에서는 큰 상에 둘러앉아서 쩌덕쩌덕, 후루룩후루룩 하고 저녁들을 먹기에 부산하였다. 경순이의 귀에서는 조금 전에 들은, '나 밥 먹는 것하구 그 애 죽는 것하구 무슨 아랑곳이 있다던?' 하는 역정난 소리가 또 한 번 쩡 하고 울리는 것 같았다.

아랫방 문이 가만히 열리더니 영감의 허연 그림자가 휘청휘청 나와서 비틀거리며 옆방으로 들어갔다. 한참 만에 금례가 숭늉을 가지러 안방에서 나오다가 보니, 시아버지가 병실에서 기듯이 나오더니 자기 방으로 스러졌다. 금례는 눈시울이 뜨거워졌다. 병실에서는 숨을 모는 듯한 재우치는 소리가 더 크게 들린다.

몇 시나 되었는지 영감이 잠이 들었다가 번쩍 눈을 뜨니 흑흑 느껴 우는 소리가 귓가에 스친다. 기겁을 해 일어나서 미닫이를 열며,

"애들아, 누구 없니?"

하고 소리를 쳤다.

컴컴한 마루끝에 걸터앉았던 셋째년 혜란이가 마당을 쪼르르 건너오더니,

"언니 죽었어요."

하고 생글 웃는다. 어린것이니 하고 귀를 기울이니 잠결에 무심했지마는 옆방은 괴괴하니, 그 차마 들을 수 없는 숨찬 글렁 소리가 뚝 끊어지고 잠잠하다. 뒤쫓아온 혜옥이가,

"지금 막 운명했어요."

하고 부친에게 다시 일러 주었다. 그러나 그저 심상한 낯빛이었다. 훌쩍거리는 울음소리는 부엌에서 흘러나왔다.

영감은 또다시 지척거리며 옆방으로 건너갔다. 아까는 살아서 마지막 얼굴을 보았으나 그대로 앉아 있을 수가 없었다. 영감이 시체방에 들어서려니까 대강 뒷세수를 하고 나오는 마누라와 마주쳤다. 마님은 모른 체하고 안으로 올라갔다.

허허허…… 하고 시체방에서, 영감의 대통 속에서 나오는 듯한 곡성이 나자, 부엌 속에서 자지러 가던 금례의 울음소리가 높아졌다. 아이들은 멀거니들 앉았으나, 모친도 교인이라 그런지, 감장할 돈 걱정에 정신이 팔려서 그런지 울지는 않았다.

이튿날 아침에, 영감은 누가 무어라고도 않았는데 꾸물꾸물 나와서

세수를 하였다. 나흘째 만에 이를 닦는 것이었다.

"혜숙이 혼령이 망령 작작 부리라구 여쭙고 갔나 보구나."

부엌에서 시어머니는 고기를 볶으며 며느리한테 군소리를 한 마디 하였다. 그러나 아침 밥상을 들여가니까, 영감은 후루루 끼치는 구수한 냄새에 비위는 동하면서 또 역정을 내었다.

"고기는 웬 고기! 고기 먹자고 빚 얻어왔다던?"

상을 휘휘 둘러보며 눈살을 찌푸렸다. 고기와 지진 두부를 넣은 다시 맛국에 고기볶음이 한 탕기 곁들여 놓았다. 아이들이 법석을 하는 지저분한 밥상 한귀퉁이에 끼어서 반찬 없는 보리밥덩이나 퍼 넣던 신세로는 칙사의 대접이었다. 그러나 영감은 화가 버럭 났다. 어제 저녁에 아들이 밥을 먹고 나는 길로 나가는 기척이더니, 난목으로 수의감을 끊어 가지고 늦게야 들어온 눈치로 보아서 별 재주 있는 것 아니요, 일 할 오부의 고리대금을 얼마간 얻어 가지고 왔을 건데 별안간 고기반찬이라니! 하고 영감은 발끈하는 것이었다.

"언제 못 먹어서…… 발을 뻗어 놓구…… 소증이 나서 기운을 못 차린다던? 그래 고깃점이 목에 넘어간다던?"

영감은 상을 밀어 놓았다.

"아녜요. 속이 비신데 아버니 드리려구 조금 한 거예요."

금례는 꾸지람을 혼자 듣기가 억울하였지만, 그런 호령을 들어 싸다고 생각하며 얼른 둘러대었다.

"허! 너희들이 웬 효성이 언제부터 그렇게 지극하였더냐? 빚 내서 고기 사 먹겠거든 진작 혜숙이가 그렇게 먹구 싶어할 제 한 점만이라두 먹이지!"

늙은 아버지의 눈은 핑 돌며 목이 메었다. 금례는 눈물을 살짝 씻으며 나와 버렸다. 영감은 또다시 벽을 향하여 드러누워 버렸다.

말이 수의지 난목으로 저고리, 치마와 바지를 밤을 새워서 지어 놓고, 아침밥을 일찍이 해치우고 곧 염을 하였다. 물론 '의지'를 썼으나, 그 위에는 시늉이나마 조그만 꽃다발도 꽂아 놓았다. 목사님이 추도 예배를 보아 주려 온대서 일찍 서둔 것이었다. 일여덟 부인네들이 목사님을 옹위하고 와서 예배를 드릴 때 '요단강 건너가 만나리'를 부르며 손이나 주인측이나 목이 메었다. 마님도 눈물을 쥐어짰다.

아랫방의 영감도 혼자 일어나 방문을 꼭 닫고 앉아서 눈물을 줄줄 흘렸다. 윗목으로 밀어 놓은 밥상은 누가 들어가서 내올 수도 없고, 기운 빠진 파리만 두서너 마리 이리 앉고 저리 앉고 하였다. 고기볶음에는 하얗게 기름이 엉겨 덮였다.

경순이는 아침부터 나서서 사망 신고와 화장 허가를 내러 다니기에 반나절이나 애를 쓰고 다녔으나 헛걸음을 치고 예배가 끝난 뒤에야 돌아왔다. 이십사 시간이 지나도록 기다릴 것 없이 곧 내가자는 것인데, 우선 맡아야 할 의사의 사망진단서를 내기에 무척 힘이 들었다. 처음에는 동리간의 심 내과에 가서 사정을 하면 으레 소리 없이 내어주려니 하였더니 언제 보았더냐고 막무가내였다. 알고 보니 작년 겨울엔가 한 번 데리고 가서 진찰을 하였을 때 심 의사는 폐병이 이 기가 넘었으니 급히 서두르라고 친절히 일러 주었으나 마님이 섣불리 펄쩍 뛰며,

"폐병이 무슨 폐병이에요, 숨찬증이죠."

하고 잡아떼었던 일이 있었는데, 그것이 의사로서는 몹시 모욕이나 당한 것 같아서 꽁하고 속에 치부를 해 두었었던지 지금 와서 그 앙갚음을 받는 것이었다. 그 길로 바로 어제 가 본 대학부속병원을 가 보았으나 이번에는, 난 현장을 보지 못하였으니 책임지고 진단서를 낼 수 없다고 거절을 하더라는 것이었다. 딱한 노릇이다.

하는 수 없이 마님이 다시 나섰다. 어제 그 의사한테 하도 핀둥이를 맞고 푸대접을 받은 것을 생각하면 창피스럽기는 하였으나 그래도 한 번이라도 안면이 있으니 졸라 보리라 하는 생각이었다.

사정도 하고 떼도 쓰고 하여 간신히 진단서를 얻어 가지고 바로 구청에 들러서 수속을 마치고 그 길에 아주 영구차를 끌고 오느라니 하오 두 시나 되었다.

"에그 어머니, 애쓰셨어요. 시장하실 텐데 어서 진지부터 잡수셔야지."

금례가 밥상을 차리러 부엌으로 부리나케 뛰어들어간다.

"응, 얼른 차려와."

마님은 하고한 날 나다니고 밤늦게 들어와야 자식들에게라도 생전 들어 보지 못하던 애썼다는 인사가 귀서투르기도 하고 좋기도 하였다.

"애, 그 내 두루마기하구 모자 내려오너라. 화장장에는 내 따라나가마."

아랫방 문이 활짝 열리며 모른 체하고 누웠던 영감이 퀭한 눈으로 내다보며 소리를 친다. 뜰에서 서성대던 젊은 아들과 아이들은 깜짝 놀랐다.

"어딜 나가신단 말씀이에요. 가만히 누워 계십쇼."

경순이가 다가들며 말렸다.

"아, 너 어머니 대신에 내가 나간다. 아무리 먹는 것두 중하지만 고작 해야 왕복 한 시간이면 화구에다 집어넣구 올 터인데 시간을 다투는 차를 문간에다 세워 놓구, 명색이라두 발인이랍시고 하는데 그래 밥이 목구멍으로 넘어가더란 말이냐!"

영감은 폭 까불어져서 첫 서슬과는 딴판으로 헉헉 헛숨을 쉬어 가며 따지는 것이었다. 자기가 나흘째나 절곡을 하고 앉았으니 그럴지도 모르겠지만, 좀 심하다고들 생각하였다.

"저 혼자 갔다오겠습니다. 나가 보시면 뭘 합니까. 어머니두 그만두세요."

하고 경순이는 운구를 하자고, 뜰에 우중우중 섰는 젊은 애들에게 눈짓을 하며 시체방으로 올라섰다.

부엌에서는 금례가 밥상을 들고 나온다.

# 모범 경작생

# 모범 경작생

"얘애, 나 한마디 하마."

"얘애 애, 기억이보구 한마디 하래라. 아까부터 하겠다구 그러던데……."

"기억이 성내겠다. 자아, 한마디 해 보게."

한참 소리를 하는데 이런 말이 나와 일하던 손들이 쥐었던 벼포기를 놓았고, 모든 눈이 기억의 얼굴로 모였다.

목청이 남보다 곱지 못하다고 해서 한 차례도 소리를 시키지 않은 것이 화가 났던지 기억이는 권하는 기회를 놓치지 않고 있는 목소리를 빼어 소리를 꺼냈다.

온갖 물은 흘러나려두
오장 썩은 물 솟아만 오른다.

같은 논에서 일하던 사람들은 기억의 미나리곡에 합세하여 다시 노래를 주고받고 하였다.

깔기죽 깔기죽 깔보디 말구
속을 두르러 말해 주렴…….

소리를 하면 흥겨워져서 모르는 사이에 일이 빨리 되어 가매, 일터에
서는 웃는 소리가 아니면 노래가 그치지 않는다.

모시나 전대에 베 전대에
전에나 전대루 놀아나 보자.

성두의 논에서 일하던 사람들은 누구 하나 빼논 사람 없이 단 한 번
씩이라도 목청을 뽑고 소리를 불렀다.

물소리를 출렁출렁 내며 한 옴큼씩 쥐인 볏모를 몇 뿌리씩 떼어 꽂는
그들은 서로 뒤떨어지지 않으려고 입으로 소리를 하면서도 손을 재빠
르게 놀리었다.

그러나 열네 살밖에 안 되는 성두의 동생은 떨어지는 솜씨에 소리를
한마디 하고 나면 가뜩이나 한 발씩 뒤떨어졌다.

"애애, 너는 소릴 그만두고 모나 잘 꽂아라. 잘못하면 너 때문에 일을
못 마출라."

성두가 그의 동생 몫을 꽂아 주며 하는 말이다.

"얘들아, 이번에는 수심가(구슬픈 가락의 서도 민요의 하나)나 한마디
하자꾸나아. 아마 수심가는 성두가 가장 나을걸."

다같이 젊은 사람들만이 모이어 일하는 곳이라 그런지 어떤 이가 이
렇게 따라 말했다.

"아암, 수심가야 성두지……."

"나야 받기나 하지…… 누가 먼저 꺼내 봐."

"공연히 그러지 말고 빨리해."

성두는 처음엔 사양하려 했으나 두 번 권하는 데는 댓자 소리를 꺼냈다.

그럴 때 마침 옆의 논에서 자동차 온다는 고함 소리가 들려왔다. 그 논에서 일하던 이들이 휘었던 허리를 펴고 달려오는 자동차를 보고 있었다.

"저 차에 길서가 온대지."

"그러더군……."

이런 말이 나자, 성두 동생은 논에서 밭을 건너 신작로로 뛰어갔다. 옆엣논에서도 몇 사람이 자동차가 머무르는 큰 돌이 놓여 있는 길가에 모여 서서 수군거리었다.

"팔자 좋다. 어떤 놈은 땀을 흘리며 종일 일만 하는데 어떤 놈은 자동차만 슬슬 굴리누나."

기억이가 자동차 온다는 말에 길서를 생각하며 이렇게 말했다. 그러면서도 길서가 부러운 듯 자동차에서 눈을 떼지 않았다.

자동차는 여름 먼지를 뽀얗게 휘날리면서 동네 앞까지 왔으나 기다리던 사람들 앞에서 머물지를 않고 그냥 달아나 버렸다. 동네 서쪽 조그만 산을 돌아 가물가물 사라질 때까지 모여 섰던 사람들은 다시 수군거리며 제각기 일터로 돌아갔다. 성두 동생이 돌아왔을 때 일꾼들은 남의 일이 아니면 자기들도 신작로까지 나가 보고야 말았으리라고 수군거리며 다시 모를 꽂기 시작했다.

"오늘 온댔으니 꼭 올 텐데……."

성두가 못단을 왼손에 쥐며 말했다.

"글쎄…… 꼭 올 텐데…… 요새 모를 못 내면 금년에는 상을 못 탈 것 아냐."

기울어지는 햇살을 쳐다보며 진도 애비가 말했다.

"너 원통할 게 무어 있니? 길서가 상을 탄대두 너는 '마꼬(일제 시대의 담배 상표 이름)' 한 개 못 얻어먹어…… 이 자식아……."

기억이가 툭 쏘았다.

"그래도 올랴고 한 날에는 올 텐데……."

은근히 기다리던 성두가 다시 말했다.

길서는 그 마을에서 가장 칭찬을 받는 사람이다. 물론 사촌형뻘이 되면서도 기억이 같은 몇 사람은 길서를 시기하고 속으로는 미워까지 했으나 동네 전체로 보아 소학교 졸업을 혼자 했고, 군청과 면사무소에 혼자서 출입하고, 공부를 많이 한 사람에게도 지지 않으리만큼 동네 사람들을 가르치며 지도했다. 나이 젊은 사람으로 일을 부지런히 해서 돈도 해마다 벌며 저축을 하여 마을의 진흥회니, 조기회니, 회마다 회장을 도맡고 있는 관계로 무식하고 착한 농부들은 길서를 잘난 위인이라고 생각하지 않을 수 없었다.

더욱이 서울서 모이는 농사 강습회에 군에서 보내는 세 사람 중에 한 사람으로, 한 주일 전에 그리로 떠난 뒤로 길서를 칭찬하는 소리는 더 커졌다.

평양 구경도 못한 마을 사람들이 서울까지 가서 별한 구경을 다하고 돌아온 그에게서 서울 이야기를 들을 생각을 하니 그의 돌아옴이 기다려지는 것도 할 수 없는 일이었다.

점심을 먹은 뒤, 한 번도 쉬지 못한 성두의 논에서 일하던 사람들은 논두렁으로 올라가 담배를 피우기로 했다. 다른 동네에서는 점심 뒤 한 번 쉬는 참에는 새참을 먹는 것이었으나 이들은 몇 해 전부터 그런 것을 잊어버렸다. 그래서 밥은 못 먹어도 그저 몸이나 쉬는 것이었다.

길서네만 내놓고는 전부가 소작으로 사는 그들이 여름철에는 보리밥도 마음대로 먹을 수가 없는 터에 새참쯤은 물론 생각도 못했다.

"나두 돈이 있으면 죽기 전에 서울 구경이나 한번 해 봤으면 좋겠다."

진도 애비가 드러누워 풍뎅이로 얼굴을 가리며 말했다.

"나는 평양이라두 구경해 보구 죽었으문 좋갔다."

신문지 조각으로 희연(담배 이름)을 말아 침으로 붙이던 성두가 웃었다.

"하늘에서 돈이나 좀 떨어지지 않나……."

풀 위에 엎드려 풀을 손으로 뜯던 기억의 말이다.

여름 하늘은 구름 한 점 없이 말갛고, 곡식의 싹이 돋은 들판은 물들인 것같이 파랗다.

"그런데 금년엔 나두 길서네처럼 금비(화학 비료)를 사다가 한번 논에 뿌려 봤으면…… 길서는 밭에다 조합비료래나…… 암모니아를 친대…… 그것을 한번 해 보았으문 좋겠는데……."

하고 성두가 말할 때 진도 애비는 벌떡 일어나 앉았다.

"말 말게. 골메(동네 이름)서는 누가 돈을 빚내다가 그것을 했다는데 본전도 못 빼구 빚만 남았다네……."

"그럼! 윗동네 니특이네두 녹았대더라. 설사 잘된다 한들 우리가 많이 먹을 듯하나? 소작료가 올라가면 그뿐이야……."

기억이가 성난 것처럼 말했다.

"얼마 전에 지주한테 가니까 니특이 칭찬을 하며 우리가 금비 안 쓴다는 말을 하던데……."

"글쎄 말이야…… 금비라는 게 또 못살게 하는 거거든…… 그것은 어떤 놈이 만들었는지 모르지만 아마 돈 있는 놈들이 만들었을 게야. 빚 안 내고 농사를 지어도 굶을 지경인데 빚까지 내래니 살 수 있나?"

기억이가 큰소리를 할 때, 진도 애비는 무엇을 생각히고 있다가 말을 꺼내었다.

"길서야 돈 있고 제 땅이 있으니 무슨 짓이든 못하리…… 또 변(이자)

없이 얼마든지 보통학교에서 돈을 갖다 쓸 수도 있으니까……."

"나두 보통 학교나 다녔으면 모범 경작생이나 되어 돈을 가져다 그런 것을 한번 해 보았으문 좋을 텐데. 보통 학교란 물도 못 먹었으니……."

성두가 절반이나 거의 꽂힌 모를 둘러보며 말했다. 그들은 이런 의미에서도 길서를 부러워했다. 물론 제 땅이 얼마만큼은 있어야 모범생이라도 될 것이나, 보통 학교도 다니지 못한 형편에 그런 꿈은 꿀 수도 없고 따라서 길서처럼 서울 구경을 공짜로 할 생각을 못 해 보는 것이 억울했다.

"내일은 우리 조밭 세 벌 김매러들 오게."

기억이가 일어서서 기지개를 켜며 말했다.

"나는 내일 장에 가서 돼지 금새를 보구 와야갔네…… 그것을 팔아다 지세도 바치고 오월 단오에 의숙이 댕기도 한 감 끊어다 줘야지."

성두가 이 말을 하고 일어날 때는 앉았던 사람들도 논으로 다시 내려갔다.

성두는 말없이 모를 꽂고 있었으나 모 이파리에서 곧 벼알이 열리어 익어 주었으면 하고 생각해 보았다. 일 년에 벼를 두 번만이라도 거둘 수 있다면 돼지는 안 팔아도 좋을 것이라 생각되었던 까닭이다.

기나긴 해도 기울어지기 시작하자 어느 새 쑥 내려갔다.

서산에 넘어가려는 붉은 해를 돌아보고 기억이가 타령조로 소리를 높이었다.

"어서 꽂구 저녁 먹자……."

다른 사람들도 이 소리를 따라 마지막 춤을 추는 무당처럼 소리를 치며 모를 꽂았다.

어둠이 들을 휩싸고 돌 때 물오리들이 소리치며 떼를 지어 날아갔다.

성두의 논에서 큰 개뚝을 넘어 김매러 갔던 그의 손아래 누이 의숙이는 국수집 딸 얌전이와 같이 모 꽂는 논두렁을 지나갔다.

"의숙아, 빨리 가서 저녁 지어라. 원, 이제야 가니?"

성두의 남동생이 의숙이를 보며 말했다.

"응……."

하며 의숙이가 고개를 돌렸을 때 기억이가 말을 붙이었다.

"길서가 안 와서 맥이 풀리겠구나……."

하며 다시 얌전이에게 말을 했다.

"오늘 저녁 너의 집에 갈까?"

의숙이와 얌전이는 꼭 같이 눈을 떨구고 길을 걸었으나 의숙이만은 얼굴을 붉혔다.

갯둑에 가리어 자동차를 못 보았으나 그래도 동네에 들어가면 길에서라도 길서가 자기를 불러 줄 것을 은근히 생각하던 의숙이었다.

먼지 묻은 적삼이 등골에 흐른 땀에 뻘게졌고, 장흙을 싸서 뭉갠 듯한 치마가 걸을 때마다 너풀거렸다.

"애, 길서가 안 왔대지?"

얌전이가 말을 꺼냈다.

"글쎄 누가 아니……."

"공연히 그러지 마라……. 눈물 나오면 울어라. 그런 때 울지 않구 언제 울겠니? 나 같으면 그까짓 거 막 울겠다."

이름만이 얌전이며, 사실은 동네에서 제일 가는 말괄량이로, 아직 시집도 가기 전에 서방질까지 했다고 하지만, 의숙이는 그의 말이 그다지 믿지가 않았다.

하루라도 보지 못하면 가슴이 답답한 듯하여 안타까워 하던 길서를 한 주일이나 두고 보지를 못하다가 오늘에야 만나려니 했던 마음을 얌전이만이 알아주는 듯하기도 했다.

"애, 사랑이라는 게 무어니? 함께 살지두 않으면서 사랑을 할 수 있니? 그래두 나는 기억이를……."

무슨 소리나 가릴 줄 모르는 얌전이는 하지 않아도 좋을 말을 하면서도 전에 없던 진정을 보였다.

"누군 사랑이 뭔지 아니?"

"그래두 너는 길서 오래비하구 사랑한대드구나……."

"몰라 얘……."

마을은 조용했다.

어슬어슬*해 가는 들에서는 낮에 먹은 더위를 식히고, 마셨던 먼지를 토하는 듯 벌레들이 목청을 가다듬어 울고 있었다.

의숙이와 얌전이는 집에다가 호미를 두고는 꼭 같이 우물로 나왔다.

의숙이는 바가지에 물을 떠서 한 손으로 물을 쏟아 얼굴을 씻고 머리털에 묻은 물방울을 손으로 퉁긴 뒤에 흙에 빨개진 고무신과 발을 씻고 있었다. 마침 그 때 동이를 옆에 끼고 오던 마을 여편네가 길서가 이제야 온다는 것을 알려주었다.

"얘, 길서 오래비가 온대! 개들이 짖는 데쯤 온 게다."

하며 얌전이가 만나 보기나 한 것처럼 말했다.

소리가 커지며 또 가까워 올수록 의숙의 마음은 들먹거렸다.

고무신도 마저 씻지 못하고 물동이를 이고 집으로 돌아갈 때 그는 혹시 길에서나 만나지 않을까 하여 가슴을 더 졸였다. 집에 가서 아무 정신없이 돼지죽을 바가지에 담아 가지고 돼지우리로 나갈 때는 설마 길서가 자기 옆에 와 있으려니 했으나, 울국거리는 돼지에게 죽을 쏟아 주고 섭섭히 돌아설 때까지 길서가 자기를 만나러 오지 않음이 원망스러웠다.

그러나 대문으로 돌아 들어가려 할 때, 귀에 익은 기침 소리가 의숙

---

\* 어슬어슬  날이 어두워지거나 밝아지는 모양.

의 발을 멈추게 했다. 역시 길서의 소리가 틀림없었다.

의숙이는 작년 여름, 설레는 가슴으로 길서를 대하게 된 뒤부터 동네에서도 거의 알게끔 사이가 친했건만, 아직까지 어른들에게는 눈을 숨기고 있는 사이라 마당 옆 낟가리 밑에 숨어 길서를 만났다.

"잘 있었니?"

"네……."

"자동차를 타구 올래다가 몇 시간 걸으면 칠십오 전이나 굳는 걸 공연히 타구 오겠든…… 빨리 너를 만나구 싶기는 했지만……."

의숙이는 아무 대답도 못했다.

울렁거리는 가슴은 그저 널뛰듯 뛰었고, 고개를 들고 있을 수 없게 늘어지기만 했다. 매일같이 만날 때는 어느 틈에라도 웃어 보였고, 말을 한 마디만 해도 기쁜 생각이 드솟았건만 며칠 떠났다가 만났음인지 공연히 가슴만 떨리었다.

그 날 밤, 동네 사람들은 서울 이야기를 들으려고 길서네 마당으로 몰려들었다. 소 먹이러 갔던 어린애들은 밥술을 놓기 전에 뛰어와서 멍석을 차지하고 앉았다.

마당에는 빨랫줄에 남포등이 걸리어 금세 꺼질 것처럼 바람에 훌떡거렸다. 윷꾼*에게 남포등을 내다 건 것이 길서네로서도 처음인 만큼, 마을 사람들도 보통 때의 윷과는 달리 말들을 적게 했다.

불빛이 희미하게 비치는 한편, 옆에 앉은 부인네들도 각기 길서에게 다녀왔느냐는 인사를 했다.

"오래비 잘 다녀왔소……."

특별히 크게 하는 얌전이의 인사는 웅크리고 앉았던 의숙의 고개를 더 숙이게 했다.

---

* 윷꾼  이웃의 마을꾼. '윷'은 '이웃'의 사투리.

"그래 서울 동네가 얼마나 크던가?"

길서 앞에 앉았던 수염 기른 늙은이가 웃으며 물었다.

"서울에는 우리 동네 터보다 더 넓은 자리를 잡고 있는 집이 수 없습니다. 총독부 같은 집에는 수만 명이 살겠던데요."

길서는 서울서 구경한 놀랄 만한 일을 하나도 빼지 않고 이야기했다. 전차는 수백 대나 되며 자동차가 수천 대나 있어 귀가 아파 다닐 수 없었다는 말까지 했다.

혀를 빼고 멍하니 듣던 사람들이 숨을 몰아쉬려 할 때, 그는 그 자리에서 일어서며 강연조로 말을 꺼냈다.

"이제는 강습회에서 배운 것을 조금 말하겠습니다. 농사짓는 법이란 제가 보통 학교에 다니면서 다 배운 것이며, 지금 내가 채소밭 하는 것과 꼭 같은 것이었으니까 말할 것이 없지요. 하나 새로 배운 것이 있다면, 닭을 칠 때 서울서 '레그혼'이라는 흰 닭을 사다 기르면 그놈이 알을 굉장히 낳는다는 것입니다. 그 밖에는 배운 것이라고 별로 없습니다."

이 말을 끝맺고 다시 말을 이을 때는 기침을 한 번 하고 목청을 올렸다.

"제가 강습회에서도 가장 많이 들은 일입니다마는, 우리가 제일 깨달아야 할 것이 하나 있습니다. 그것은 다름 아니라 가장 어렵고 무서운 시국이라는 것입니다. 까딱 잘못하다가는 죽을 죄를 짓기 쉽고, 일을 아니하고 놀랴고만 생각하면 농사도 못 짓게 됩니다. 불경기, 불경기 하지만 이것이 얼마 오래 갈 것이 아니며 한 고비만 넘기면 호경기가 온다는 것입니다. 들으니까 요사이에 감옥에 가장 많이 갇힌 죄수들은 일하기가 싫어서 남들까지 일을 못 하게 한 놈들이래요. 말하자면 공산주의자라나요. 공연히 알지도 못하고 그런 놈들의 말을 들었다가는 부치던 땅까지 못 부치게 될 것이니 결국은 농군들의 손해가 아니겠소……."

듣고 있던 사람들은 길서의 얼굴만 쳐다보며 멍하니 앉아 있었다.

"또 무슨 전쟁이 일어날 것도 같습니다. 하라는 일을 아니 하면 우리가 어떻게 될는지도 모르지요. 그러나 같은 값이면 마음놓고 하라는 일을 잘 하며 살아야 하겠어요. 에에, 우리는 일을 부지런히 합시다. 그러면 굶어 죽는 법이 없으니깐요. 유명하게 된 사람들은 전부 부지런했던 덕택이었다는 것을 우리는 잘 알지 않습니까!"

이 말을 끝맺고 한참이나 섰다가 앉을 때, 옆에 앉았던 늙은이가 이마를 긁으며 물었다.

"너 서울 가서 그런 말도 배웠니?"

길서는 그저 웃었다. 의숙이도 재미있게 듣는 동네 사람들을 볼 때 길서가 더 훌륭한 것같이 생각되었다.

"그런데 호경긴가 그것은 언제 온대든?"

아닌 밤중에 홍두깨 내밀듯 기억이가 한참 동안 잔잔하던 공기를 깨뜨리고 말했다. 대답에 궁했던 길서는 한참이나 생각하다가,

"얼마 안 있으면 온대드라……."

라고 대답했으나, 어째서 불경기니 호경기니 하는 것이 생기느냐고 캐어물을 때에는 모르겠다는 솔직한 대답밖에 더 할 수가 없었다. 농민들이 나날이 못살게 되어 가는 것이 불경기 때문이냐고 묻는다면 자신있는 말로 그렇다고 대답했을는지도 모른다.

"암만 호경기가 온다 해두 팔아먹을 것이 있어야 호경기지. 팔 거 없는 놈이 호경기는 무슨 소용이냐. 호경기가 되면 쌀이 많이 생기기나 하나……."

이러한 기억의 말은 아무런 생각도 없이 나온 듯했으나, 호경기가 쌀을 많이 가져다 주는 것이 아니라는 것을 아는 그들은 길서의 말보다도 더 그럴 듯이 생각했다.

아무리 불경기라 해도 십 리 밖 읍내에 있는 지주 서재당은 금년에도 맏아들을 분가시키고 고래 같은 기와집을 지어 주었다.

쌀값이 조금 오르면 고무신값이 조금 오르고, 쌀값이 떨어지면 물건값도 떨어지는 것을 잘 아는 그들은 불경기니 호경기니 해도 그것이 그들에게는 아무 관계가 없는 것같이 생각되었으며, 돈 있는 사람들도 불경기에 땅 팔았다는 말을 못 들었으므로 경기라는 것이 무엇인지 참으로 알 수 없었다.

그러나 그러면서도 길서가 힘든 말을 자기들보다 많이 아는 사람같이 생각하며 집으로 돌아갔다.

다음 날, 서울 갈 때 입었던 누런 양복을 벗고 무명 잠방적삼을 갈아입은 뒤, 논에 나가 모를 꽂고 들어온 길서는 컴컴한 저녁때쯤 해서 의숙의 집 뒤 모퉁이로 의숙이를 찾아갔다.

기쁨을 기쁘다고 말하지 못하던 의숙이도 이 날만은 자기도 모르게 웃음이 솟아오르며, 무슨 말이든 가슴이 시원하게 털어놓고 싶었다. 길서가 서울서 사 왔다고 파란 비누를 손에 쥐어 줄 때 의숙은 진정이 서린 눈초리로 길서의 손을 듬뿍 잡았다.

비누 세수라고 평생 못 해 본 의숙이가 비누 세수를 하면 금세 자기의 타진 얼굴이 희어지며 예뻐질 것 같아 춤을 추고 싶게 기뻤다.

"내 다음 일본 가게 되면 더 좋은 거 사다 줄게."

"언제 또 가세요?"

"가을에는 도에서 세 사람을 뽑아 일본 시찰을 보낸다는데 뽑히기나 할는지 모르지만⋯⋯."

"뽑히겠지요 뭐⋯⋯."

자신 있는 듯이 의숙이가 말했을 때 껌껌한 데서 사람 소리를 들은 강아지가 깡깡 짖으며 뛰어나왔다.

무서운 호랑이나 본 것처럼 그들은 뒤돌아볼 새도 없이 굴뚝 뒤로 몸

을 움츠렸다.

가슴 속에서 뛰는 심장의 고동을 제각기 남의 가슴 속에서 들었다.

"그놈의 개새끼가 사람을 놀라게 하눈……."

하며 숨을 내쉬고 일어설 때 그들의 손은 꼭 잡혀 있었다.

의숙이는 길서를 떠나서 몰래 집 안으로 들어가서 비누를 궤 속 깊이 넣었다가 한 번 다시 꺼내 보고는 마당으로 나와 어머니와 오빠와 동생이 앉아 있는 멍석으로 갔다. 그러나 길서의 품에 안겼던 생각만이 가슴에서 떠나질 않았다.

"그래 사 워 팔십 전을 받고 팔았단 말인가?"

그의 어머니가 성두에게 하는 말이었다.

"그림 어떡힙니까? 그기리두 팔아서 용돈을 써야지요. 우선 지세도 밀리구, 아직 보리 벨 때까지 먹을 보리두 사야 하지 않아요. 또 단오 명절도 가까워 오는데 돈 쓸 데가 없어서 그러십니까?"

"아아니, 그런 줄은 알지만 큰돈을 만들려구 했던 도야지를 너무 일찍 팔았단 말이다."

"누구는 모르나요. 여름에는 풀을 깎아다 주기만 하면 거름을 잘 만들고 먹을 것도 겨울보다 흔해서 기르기도 쉽구, 그러다가 가을철에 접어들어 팔면 큰돈 될 것두 알기는 하지만 어떻게 합니까?"

성두의 얼굴은 푸르럭푸르럭했다.

"오빠…… 오빠의 잔치는 어떻게 합니까? 돼지를 팔구……."

의숙이가 옆에 앉았다가 눈을 흘기는 것 같으면서도 웃는 얼굴로 말을 했다.

"글쎄 말이다. 내 말이 그 말이 아닌가?"

어머니는 차마 꺼내지 못했던 말이 나와서 시원한 듯했다.


길서는 새벽에 일어나 감자밭에 나가 벌레를 잡고 뽕나무 묘목밭을 한번 돌아보고는 서울 갈 때 입었던 누런 양복을 입고 읍내로 들어갔다.

먼저 보통 학교 교장에게로 가서 제 손으로 만든 빗자루 다섯 개를 쓰라고 주고, 모를 다 냈으니 비료를 사야겠다고 이십오 원을 취해가지고는 뽕나무 묘목에 대한 이야기를 하려고 면사무소로 들어갔다.

"리상, 잘 왔소. 한턱 내야지. 오늘은 리상의 점심을 얻어먹어야겠군……."

세금 못 낸 사람을 잘 치기로 유명한 뚱뚱한 서기가 길서가 들어서자마자 말을 했다.

"한턱은 점심때 내기로 하구, 묘목은 언제 가져갑니까? 퍽 자랐는데, 이번에는 돈을 좀 실하게 받아야겠는데요."

"한턱만 내면야 잘 팔아 주지…… 내게만 곱게 보이란 말야. 값을 정해서 갖다 맡기면 그만이니까 누가 무슨 소리를 감히 해내나……."

면서기는 농담 비슷하게 웃었으나, 허리를 구부리고 복종하는 농부들은 절대로 마음대로 할 자신이 있다는 듯한 호걸 웃음을 웃었다.

"일본으로 보내는 사람을 뽑을 때두 면장을 시켜서 잘 말하도록 할 테니 그저 한턱만 내요."

"그것은 염려 마십시오. 술 한 병이면 녹초가 될걸…… 그러면서도 얼마나 먹는 듯이…… 하하하……."

길서는 진정으로 한턱 내고 싶기도 했다. 묘목만 잘 팔아 주면 예산 이외의 돈이 수십 원 들어온다는 것을 모를 리 없었다. 그 때 풍뚱한 몸에 맵시없는 의복을 입은 면장이 들어와서 길서 앞에 섰다. 길서는 인사를 하고 서울 갔던 이야기를 보고했다.

보고를 듣고 수고했다는 말을 한 뒤는 곧장,

"그런데 이번 호세(지방세)는 자네 동네에서도 조금 많이 부담해야겠네…… 보통 학교를 육 학급으로 증축해야겠으니까……."
하고 길지도 않은 수염을 쓸며 호세 이야기를 했다.

"거야 제가 압니까?"

"아니야, 자네 동네서야 자네만 승낙하면 되는 게니까. 그렇다구 자네에게 해로운 것은 없을 게고……."

"글쎄요."

길서는 면장의 말에 무엇이라고 대답할 수가 없었다. 만약 그에게 조금이라도 재미없는 말을 해서 비위에 거슬리게 하면 자기도 끼니때를 굶고 지내는 동네 소작인들이나 다름이 없는 생활을 해야 할 것을 잘 알고 있다. 일본은 둘째로 하고라도 묘목도 못 팔아먹을 것이며, 그런 말이 보통 학교 교장 귀에 들어가면 돈도 빌려다 쓸 수 없게 된다.

그러면 묘목 심었던 밭에 조를 심게 되고, 면사무소 사무원들과 학교 선생들에게 팔던 감자와 파도 썩혀 버리게 된다.

삼 백 평밖에 안 되는 논에 비료를 많이 내지 않으면 미곡품평회에

출품도 못 해 볼 것이며, 그러면 상금을 못 탈 뿐 아니라 벼가 겨우 넉 섬밖에 소출 못 날 것이다.

그러면 동네 사람들과 꼭 같이 일 년 양식도 부족할 것이 아닌가.

"자네 동네 사람들은 얌전하게 근심없이 사는 모양이던데……."

면장이 다시 말을 꺼낼 때 길서는 곧 대답했다.

"그러믄요. 근심이 조금도 없다고야 할 수 없지마는 무던한 편은 됩니다."

벼는 누릇누릇해서 이삭들이 뭉친 것이 황금덩이 같았다. 그러나 얼굴의 주름살을 편 사람이라곤 하나도 없었다.

강충이*가 먹어 예년에 비해서 절반도 곡식을 거둘 수가 없었기 때문이었다.

길서만이 평양 가서 북어 기름을 통으로 사다가 쳤기 때문에 그의 논만은 작년보다도 더 잘 되었으나, 다른 놈들은 털 빠진 황소 가죽같이 민숭민숭해졌다.

이 새끼만한 작은 벌레까지가 못살게 하는 것이 가슴 원통했으나 여름내 땀을 빼고도 제 입으로 들어올 것이 없을 것을 생각하니 눈물이 솟아오를 지경이었다.

그들은 할 수 없으므로 성두의 말대로 길서를 시켜 읍내 지주 서재당에게 가서 금년만 도지*를 조금 감해 달래 보자고 했다.

그러나 길서는 자기와 관계가 없을 뿐 아니라, 정해 놓은 도지를 곡식이 안 되었다고 감해달라는 것은 흔히 일어나는 소작 쟁의와 같은 당치않은 짓이라고 해서 거절했다. 그리고는 며칠 있다가 일본 시찰단으로 뽑히어 떠나가 버렸다.

---

＊강충이  벼 줄기를 깎아먹어 벼를 마르게 하는 벌레.
＊도지  논밭이나 집터를 빌려 쓰는 값으로 주는 곡식이나 돈.

동네 사람들은 어찌할 줄을 몰랐다. 더구나 금년 겨울에는 기어이 잔치를 하려고 하던 성두는 가끔 우는 얼굴을 하곤 했다.

그들은 할 수 없이 큰마음을 먹고 떼를 지어 읍내로 들어가 서재당에게 사정을 말해 보았으나 물론 들어주지 않았다. 오히려 아들을 분가시킨 관계로 돈이 몰린다는 근심까지를 들었다.

"너희들 마음대로 그렇게 하려거든 명년부터는 논을 내놓아라."
하는 말에는 더 할 말이 없어 갈 때보다도 더 기운 없이 돌아왔다. 그들은 돌아가는 길에 길서의 논 앞에 서서 '모범 경작' 이라고 쓴 말뚝을 부럽게 내려다보았다.

볏대가 훨씬 큰데 이삭이 한 길만큼 늘어선 것이 여간 부럽지 않았다. 그러나 말도 잘하고 신망도 있다고 해서 대신 교섭을 해 달라고 부탁했음에도 불구하고 못 들은 체 들어주지 않은 길서가 미웠다.

"나도 내 땅이 있어 비료만 많이 하면 이삼 곱을 내겠다. 그까짓 거……."

기억이가 침을 탁 뱉으며 말했다. 며칠 뒤 그들이 다시 놀란 것은 값도 모르는 뽕나무값이 엄청나게 비싸진 것과 십삼 등 하던 호세가 십일 등으로 올라간 것이다.

그것보다도 십 등이던 길서네만은 그대로 십 등으로 있는 것이 너무도 이상했다. 길서네는 그래도 작년에 돈을 모아 빚을 주었으나, 다른 사람들은 흉년까지 만나 먹고살 수도 없는데 호세만 올랐다는 것이 우스우면서도 기막힌 일이었다.

무엇을 보고 호세를 정하는지 알 수 없었다.

흉년, 그러면서도 도지를 그대로 바쳐야 하는데다가 호세까지 오른 그들의 세상은 깜깜했다.

'아마 북간도나 만주로 바가지를 차고 떠나야 하는가 보다.'
성두는 혼자 생각했다. 그들은 마을에 대한 애착심도 잊었고, 제 고장이라는 것도 생각하기 싫었다. 다만 못살 놈의 땅만 같았다.

마을 사람들은 길서의 장난으로 호세까지 올랐다는 것을 다음에야 알고 누구 하나 그를 곱게 이야기하는 이가 없게 되었다. 길서 때문에 동네를 떠나야겠다는 오빠의 말을 들은 의숙이도 눈물을 흘리며 길서가 그렇지 않기를 속으로 바랐다.

길서는 일본서 돌아올 때 우선 자기 논두렁에서 가슴이 서늘함을 느꼈다.

논에 박은 '김길서' 라고 쓴 말패는 간 곳도 없고, '모범 경작생' 이라고 쓴 말뚝은 쪼개져서 흐트러져 있었다.

심술궂은 애들이 장난을 했는가 하고 생각하려 했으나, 그 한 짓으로 보아서 반드시 무슨 일이 일어난 것 같은 예감이 들었다.

동네에 들어섰을 때 동네에는 어른이라고 한 사람도 찾아볼 수 없었다.

읍내 서재당 집엘 가서 저녁때가 되도록 아직 돌아오지 않았다는 말을 듣자, 서울 갔다 돌아왔을 때보다도 더 의기양양해 온 길서의 마음은 조각조각 깨지고 말았다.

보지도 못했고 이름조차 들어 보지 못하던 바나나를 가지고 밤이 이슥했을 무렵 의숙이를 찾아갔건만, 그를 본 의숙이도 얼굴을 돌리고 울기만 했다. 길서의 마음은 터지는 듯했다.

뒤에서 몽둥이를 들고 따라오던 사람의 숨소리를 듣는 듯 가슴이 떨렸다. 불길한 징조가 눈에 보이는 듯했다.

성두가 충혈된 눈으로 아랫문으로 뛰어들었을 때 길서는 들고왔던 바나나를 들고 뒷문으로 도망쳤다.

# 부록

# 작가와 작품 스터디

## ● 염상섭 (1897~1963)

서울 출생. 1917년 일본 교토 부립 중학을 졸업하고 게이오 대학 사학과에 입학했으며, 재학 중 오사카에서 3·1 운동에 가담한 혐의로 체포되기도 했다. 일본에서 귀국한 뒤에는 오산 학교 교사, 동아 일보 기자 등으로 활동했다. 1920년 〈폐허〉의 동인으로 등단하였으며, 이후 사실주의를 기초로 하여 쓴 우울한 분위기의 소설을 발표했다. 1921년에는 〈표본실의 청개구리〉를 발표하여 우리 문학사에서 소설의 수준을 한 단계 끌어올려, 현대 소설의 개척자라 일컬어지게 되었다. 또, 1931년에는 그의 대표작으로 꼽히는 〈삼대〉를 완성하였다. 그 밖의 작품에 〈만세전〉, 〈제야〉, 〈두 파산〉, 〈짖지 않는 개〉 등의 소설이 있으며, 100여 편의 평론과 246편에 이르는 잡문이 남아 있다.

## ● 박영준 (1911~1976)

평안 남도 강서에서 태어났다. 평양 광성 고보를 거쳐 1934년 연희 전문 문과를 졸업하였다. 첫 장편 소설 〈일년〉이 〈신동아〉 현상 소설 모집에, 단편 〈모범 경작생〉이 〈조선 일보〉 신춘 문예에, 콩트 〈새우젓〉이 〈신동아〉에 거의 동시에 발표됨으로써 문단의 커다란 주목을 받으며 등단했다. 작품 활동 초기에는 힘겹게 살아가는 농촌 사람들의 생활상을 소재로 하여 식민지 현실을 고발하였으며, 광복 후에는 윤리 의식을 잃고 타락한 인간으로 살아가는 모습을 그리거나 노년의 인생 소외 문제 등을 주로 다루었다. 후기의 작품에 해당하는 것으로는 〈여과〉, 〈체취〉, 〈김교수〉 등이 있다.

● **표본실의 청개구리**　　신경 과민과 불면증에 시달리던 '나'는, H 와 함께 평양 방문의 길에 오른다. 그 곳에서 '나'는 남포에 있는 Y를 만나 일행과 함께 김창억이라는 사람을 방문한다. 김창억은 3월 50전으로 삼층집을 짓고 사는 정신 이상자였다. 그 후 집으로 돌아온 나는 어느 날, Y로부터 편지를 받게 되는데, 김창억이 집에 불을 지르고 어디론가 떠나버렸다는 내용이었다. 그 후 김창억의 행방을 아는 사람은 아무도 없었다.

● **두 파산**　　정례 어머니는 학교 앞에서 문방구를 하고 있다. 그러한 정례 어머니에게 전직 교장 선생님은 이자를 받으러 와 김옥임의 빚 이십만 원도 갚으라고 한다. 이 돈은 김옥임이 동업의 조건으로 내놓은 십만 원에 그 이자가 붙은 것이었다. 이러한 빚에 쫓기던 정례 어머니는 결국 김옥임과 전직 교장 선생님에게 가게를 빼앗기고, 분에 못 이겨 앓아 눕게 된다. 그러자 정례 아버지는 김옥임에게 보복하겠다며 아내를 위로한다.

● **쌀**　　완식이는 트럭 운전사이고, 귀성 아버지는 같은 회사에서 일하며 짐을 부리는 일꾼이다. 나날이 빠듯한 살림을 해 가는 이들에게 어느 날, 쌀가마니를 얻을 수 있는 일이 들어왔다. 하지만 완식은 중개꾼 병택이 예전에 부리던 기사라는 이유로 결정을 주저한다. 그러다가 회사 몰래 시간을 내어 그 일을 맡아 하지만, 결국은 회사에 들켜 해고된다.

● **모범 경작생**　　주인공 길서는 마을에서 유일하게 보통 학교를 졸업한 청년으로, 모범 경작생이라는 칭호를 받은 인물이다. 겉으로 보여지는 그의 모습은 매우 모범적이며, 마을의 젊은이들은 그의 능력과 경험을 부러워한다. 그러나 실상 그는 면서기들과 짜고 뽕나무 묘목을 터무니없이 비싸게 팔아 이윤을 챙기는 대가로 호세를 올려받는 것을 묵인하는 비열한 모습을 보인다. 이 사실을 알게 된 마을의 농민들은 논에 박혀 있는 '김길서, 모범 경작생'이라고 씌어진 팻말을 뽑아 쪼개 버린다.

## 논술 가이드

〈표본실의 청개구리〉의 한 대목입니다. 제시문을 읽고 다음 문제에 답하시오.
[문항 1]

> 지긋지긋한 듯이 방 안을 휘익 둘러본 뒤에 이렇게 생각하였다. 어디든지 여행을 하려는 생각은 벌써 수삭 전부터 계획이었지만 여름에 한번 놀러가 본 신흥사에도 간다는 말뿐이요, 이 때껏 실현은 못 되었다.
>
> 어디든지 가야겠다. 세계의 끝까지, 무한에, 영원히, 발끝 자라는 데까지, 무인도! 시베리아의 황량한 벌판! 몸에서 기름이 부지직부지직 타는 남양……! 아아.

(1) 이 작품은 독자에게 어렵다는 인상을 주기 쉬운데, 작품의 시대적 배경을 알면 이해가 훨씬 쉽습니다. 이 작품이 1921년에 발표되었다는 것을 참고로 하여, 당시의 우리 나라가 처한 현실을 조사해 봅시다.

---------------------------------------------------------------

---------------------------------------------------------------

---------------------------------------------------------------

(2) (1)에서 조사한 사항을 바탕으로 하여, 위 대목에서 '방'이 상징하는 것과 떠나려는 주인공의 의지가 상징하는 것이 무엇인지 생각해 봅시다.

---------------------------------------------------------------

---------------------------------------------------------------

---------------------------------------------------------------

〈두 파산〉의 두 대목입니다. 제시문을 읽고 다음 문제에 답하시오.

[문항 2]

> 보기 좋게 이년 저년을 붙이며 한바탕 해대고 나서 속이 후련한 것도 그러한 은연중의 시기였고, 공연한 자기 화풀이였는지 모른다.
>
> 옥임이는 그길로 교장 영감 집에 들러서,
>
> "혼을 단단히 내 주었으니까 인제는 딴소리 안 할 거외다. 내일 가서 표라두 받아다 주슈."
>
> 하고 일러 놓았다.

> 어린애 코묻은 돈푼이나 바라고 이런 구멍가게에 나와 앉았는 나두 불쌍한 신세이지마는, 난 옥임이가 가엾어서 어제 울었습니다. 난 살림이나 파산 지경이지 옥임이는 성격 파산인가 보드군요…….

　(1) 위의 두 대목을 통해 교장 영감이나 옥임이 어떠한 인물이며, 이러한 인물을 바라보는 정례 어머니의 시선은 어떠한지 말해 봅시다.

------------------------------------------------

------------------------------------------------

------------------------------------------------

　(2) 이 작품의 제목 '두 파산'이 의미하는 두 개의 파산은 각각 무엇일까요? 위의 두 번째 대목을 참고로 하여 답을 찾아봅시다.

------------------------------------------------

------------------------------------------------

------------------------------------------------

〈절곡〉의 두 대목입니다. 제시문을 읽고 다음 문제에 답하시오.

[문항 3]

> 영탁 영감의 헝거 스트는 어제부터 또 시작이 되었다. 영탁이의 단식은 실은 툭하면 시작되는 예증이었다. 시초는 대개가 대수롭지 않은 내외싸움에서였다. 말다툼이 손찌검까지 가서, 권투보다는 좀더 구경거리인 늙은이들의 활극이 벌어져 가지고는 아무래도 체질이 약한 영감이 한두 번이라도 더 쥐어질리고 힘이 부쳐 헐레벌떡 방에 들어가 누워 버리면 그 날부터 사흘은 곡기를 끊고 일어나지를 않는 것이다.

> "에그 어머니, 애쓰셨어요. 시장하실 텐데 어서 진지부터 잡수셔야지."
> 금례가 밥상을 차리러 부엌으로 부리나케 뛰어들어간다.
> "응, 얼른 차려 와."
> 마님은 하고한 날 나다니고 밤늦게 들어와야 자식들에게라도 생전 들어보지 못하던 애썼다는 인사가 귀서투르기도 하고 좋기도 하였다.

(1) 이 작품에서 영탁 영감의 단식 투쟁은 어떠한 계기로 시작되었으며, 어째서 나흘 동안 계속되게 되었는지 적어 봅시다.

------------------------------------------------

------------------------------------------------

------------------------------------------------

(2) 두 번째 글은 딸 혜옥이 죽은 후에 보인 마님의 행동입니다. 여기에서 엿볼 수 있는 그녀의 인간미를 짐작해 봅시다. 또, 앓는 동안 혜옥에게 보인 가족들의 태도를 떠올려 보고, 가장 인간적인 사람이 누구였는지 말해 봅시다.

------------------------------------------------

------------------------------------------------

〈모범 경작생〉의 한 대목입니다. 제시문을 읽고 다음 문제에 답하시오.

[문항 4]

> 보고를 듣고 수고했다는 말을 한 뒤는 곧장,
> "그런데 이번 호세는 자네 동네에서도 조금 많이 부담해야겠네. 보통 학교를 육 학급으로 증축해야겠으니까."
> (중략)
> 길서는 면장의 말에 무엇이라고 대답할 수가 없었다. 만약 그에게 조금이라도 재미 없는 말을 해서 비위에 거슬리게 하면 자기도 끼니때를 굶고 지내는 동네 소작인들이나 다름이 없는 생활을 해야 할 것을 잘 알고 있다. 일본은 둘째로 하고라도 묘목도 못 팔아먹을 것이며 그런 말이 보통 학교 교장 귀에 들어가면 돈도 빌려다 쓸 수 없게 된다.

(1) 윗대목에서 알 수 있듯이, 길서는 자신의 이익을 위해 현실과 타협하는 기회주의적인 모습을 보이고 있습니다. 길서가 보인 태도는 비난받아 마땅한 것일까요? 이에 대한 자신의 생각을 서술해 봅시다.

---

---

---

(2) 이 작품에서 제목이기도 한 '모범 경작생'이라는 말은 두 가지 뜻으로 풀이될 수 있습니다. 겉으로 드러나는 해석과 속에 숨은 뜻을 생각해 봅시다.

---

---

---

# 〈베스트논술 한국대표문학〉(전60권) 목록

| 권별 | 작품 | 작가 |
|:---:|---|---|
| 1 | 무정 I | 이광수 |
| 2 | 무정 II | 이광수 |
| 3 | 무명 · 꿈 · 옥수수 · 할멈 | 이광수 |
| 4 | 감자 · 시골 황 서방 · 광화사 · 붉은 산 · 김연실전 외 | 김동인 |
| 5 | 발가락이 닮았다 · 왕부의 낙조 · 전제자 · 명문 외 | 김동인 |
| 6 | 배따라기 · 약한 자의 슬픔 · 광염 소나타 외 | 김동인 |
| 7 | B사감과 러브레터 · 서투른 도적 · 술 권하는 사회 · 빈처 외 | 현진건 |
| 8 | 운수 좋은 날 · 까막잡기 · 연애의 청산 · 정조와 약가 외 | 현진건 |
| 9 | 벙어리 삼룡이 · 뽕 · 젊은이의 시절 · 행랑 자식 외 | 나도향 |
| 10 | 물레방아 · 꿈 · 계집 하인 · 별을 안거든 우지나 말 걸 외 | 나도향 |
| 11 | 상록수 I | 심훈 |
| 12 | 상록수 II | 심훈 |
| 13 | 탈춤 · 황공의 최후 / 적빈 · 꺼래이 · 혼명에서 외 | 심훈 / 백신애 |
| 14 | 태평 천하 | 채만식 |
| 15 | 레디메이드 인생 · 순공 있는 일요일 · 쑥국새 외 | 채만식 |
| 16 | 명일 · 미스터 방 · 민족의 죄인 · 병이 낫거든 외 | 채만식 |
| 17 | 동백꽃 · 산골 나그네 · 노다지 · 총각과 맹꽁이 외 | 김유정 |
| 18 | 금 따는 콩밭 · 봄봄 · 따라지 · 소낙비 · 만무방 외 | 김유정 |
| 19 | 백치 아다다 · 마부 · 병풍에 그린 닭이 · 신기루 외 | 계용묵 |
| 20 | 표본실의 청개구리 · 두 파산 · 이사 외 / 모범 경작생 | 염상섭 / 박영준 |
| 21 | 탈출기 · 홍염 · 고국 · 그믐밤 · 폭군 · 박돌의 죽음 외 | 최서해 |
| 22 | 메밀꽃 필 무렵 · 낙엽기 · 돈 · 석류 · 들 · 수탉 외 | 이효석 |
| 23 | 분녀 · 개살구 · 산 · 오리온과 능금 · 가을과 산양 외 | 이효석 |
| 24 | 무녀도 · 역마 · 까치 소리 · 화랑의 후예 · 등신불 외 | 김동리 |
| 25 | 하수도 공사 / 지맥 / 그 날의 햇빛은 · 갈가마귀 그 소리 | 박화성 / 최정희 / 손소희 |
| 26 | 지하촌 · 소금 · 원고료 이백 원 외 / 경희 | 강경애 / 나혜석 |
| 27 | 제3인간형 / 제일과 제일장 외 / 사랑 손님과 어머니 외 | 안수길 / 이무영 / 주요섭 |
| 28 | 날개 · 오감도 · 지주 회시 · 환시기 · 실화 · 권태 외 | 이상 |
| 29 | 봉별기 · 종생기 · 조춘점묘 · 지도의 암실 · 추등잡필 | 이상 |
| 30 | 화수분 외 / 김 강사와 T교수 · 창랑 정기 / 성황당 | 전영택 / 유진오 / 정비석 |

| 권별 | 작품 | 작가 |
|---|---|---|
| 31 | 민촌 / 해방 전후 · 달밤 외 / 과도기 · 강아지 | 이기영 / 이태준 / 한설야 |
| 32 | 소설가 구보씨의 일일 / 장삼이사 · 비오는 길 / 석공 조합 대표 / 낙동강 · 농촌 사람들 · 저기압 | 박태원 / 최명익 송영 / 조명희 |
| 33 | 모래톱 이야기 · 사하촌 외 / 갯마을 / 혈맥 / 전황당인보기 | 김정한 / 오영수 / 김영수 / 정한숙 |
| 34 | 바비도 외 / 요한 시집 / 젊은 느티나무 외 / 실비명 외 | 김성한 / 장용학 / 강신재 / 김이석 |
| 35 | 잉여 인간 / 불꽃 / 꺼삐딴 리 · 사수 / 연기된 재판 | 손창섭 / 선우휘 / 전광용 / 유주현 |
| 36 | 탈향 외 / 수난 이대 외 / 유예 / 오발탄 외 / 4월의 끝 | 이호철/ 하근찬/ 오상원/ 이범선/ 한수산 |
| 37 | 총독의 소리 / 유형의 땅 / 세례 요한의 돌 | 최인훈 / 조정래 / 정을병 |
| 38 | 어둠의 혼 / 개미귀신 / 무진 기행 · 서울 1964년 겨울 외 | 김원일 / 이외수 / 김승옥 |
| 39 | 뫼비우스의 띠 / 악령 / 식구 관촌 수필 / 기억 속의 들꽃 / 젊은 날의 초상 | 조세희 / 김주영 / 박범신 이문구 / 윤흥길 / 이문열 |
| 40 | 김소월 시집 | 김소월 |
| 41 | 윤동주 시집 | 윤동주 |
| 42 | 한용운 시집 | 한용운 |
| 43 | 한국 고전 시가와 수필 | 유리왕 외 |
| 44 | 한국 대표 수필선 | 김진섭 외 |
| 45 | 한국 대표 시조선 | 이규보 외 |
| 46 | 한국 대표 시선 | 최남선 외 |
| 47 | 혈의 누 · 모란봉 | 이인직 |
| 48 | 귀의 성 | 이인직 |
| 49 | 금수 회의록 · 공진회 / 추월색 | 안국선 / 최찬식 |
| 50 | 자유종 · 구마검 / 애국부인전 / 꿈하늘 | 이해조 / 장지연 / 신채호 |
| 51 | 삼국유사 | 일연 |
| 52 | 금오신화 / 홍길동전 / 임진록 | 김시습 / 허균 / 작자 미상 |
| 53 | 인현왕후전 / 계축일기 | 작자 미상 |
| 54 | 난중일기 | 이순신 |
| 55 | 흥부전 / 장화홍련전 / 도끼전 / 배비장전 | 작자 미상 |
| 56 | 춘향전 / 심청전 / 박씨전 | 작자 미상 |
| 57 | 구운몽 · 사씨 남정기 | 김만중 |
| 58 | 한중록 | 혜경궁 홍씨 |
| 59 | 열하일기 | 박지원 |
| 60 | 목민심서 | 정약용 |

# 〈베스트 논술 한국대표문학〉에 실린 소설과 교과서 대조표

* 〈베스트 논술 한국대표문학〉에 실린 소설과 현행 국어 · 문학 18종 교과서의 수록 내용을 비교 · 분석하였다.

## ● 초등 학교 교과서(국어)

금오신화, 구운몽, 심청전,
흥부전, 토끼전, 박씨전,
장화홍련전, 홍길동전

## ● 국정 교과서

| 작품 | 작가 | 교과목 |
|---|---|---|
| 고향 | 현진건 | 고등 학교 문법 |
| 동백꽃 | 김유정 | 중학교 국어 2-1, 중학교 국어 3-1 |
| 벙어리 삼룡이 | 나도향 | 중학교 국어 1-1 |
| 봄봄 | 김유정 | 고등 학교 국어(상) |
| 사랑 손님과 어머니 | 주요섭 | 중학교 국어 2-1 |
| 오발탄 | 이범선 | 중학교 국어 3-1 |
| 운수 좋은 날 | 현진건 | 중학교 국어 3-1 |

## ● 고등 학교 문학 교과서

| 작품 | 작품 | 출판사 |
|---|---|---|
| 감자 | 김동인 | 교학, 지학, 디딤돌, 상문 |
| 갯마을 | 오영수 | 문원, 형설 |
| 고향 | 현진건 | 두산, 지학, 청문, 중앙, 교학, 문원, 민중, 블랙, 디딤돌 |
| 관촌 수필 | 이문구 | 지학, 문원, 블랙 |
| 광염 소나타 | 김동인 | 천재, 태성 |

| 금 따는 콩밭 | 김유정 | 중앙 |
|---|---|---|
| 금수회의록 | 안국선 | 지학, 문원, 블랙, 교학, 대한, 태성, 청문, 디딤돌 |
| 김 강사와 T교수 | 유진오 | 중앙 |
| 까마귀 | 이태준 | 민중 |
| 꺼삐딴 리 | 전광용 | 지학, 중앙, 두산, 블랙, 디딤돌, 천재, 케이스 |
| 날개 | 이상 | 문원, 교학, 중앙, 민중, 천재, 형설, 청문, 태성, 케이스 |
| 논 이야기 | 채만식 | 두산, 상문, 중앙, 교학 |
| 닳아지는 살들 | 이호철 | 천재, 청문 |
| 동백꽃 | 김유정 | 금성, 두산, 블랙, 교학, 상문, 중앙, 지학, 태성, 형설, 디딤돌, 케이스 |
| 두 파산 | 염상섭 | 문원, 상문, 천재, 교학 |
| 등신불 | 김동리 | 중앙, 두산 |
| 만무방 | 김유정 | 민중, 천재, 두산 |
| 메밀꽃 필 무렵 | 이효석 | 금성, 상문, 중앙, 교학, 문원, 민중, 블랙, 디딤돌, 지학, 청문, 천재, 케이스 |
| 모래톱 이야기 | 김정한 | 디딤돌, 교학, 문원 |
| 모범경작생 | 박영준 | 중앙 |
| 뫼비우스의 띠 | 조세희 | 두산, 블랙 |
| 무녀도 | 김동리 | 천재, 지학, 청문, 금성, 문원, 민중, 케이스 |

| 작품 | 작가 | 출판사 |
|------|------|--------|
| 무정 | 이광수 | 디딤돌, 금성, 두산, 교학, 한교 |
| 무진기행 | 김승옥 | 두산, 천재, 태성, 교학, 문원, 민중, 케이스 |
| 바비도 | 김성한 | 민중, 상문 |
| 배따라기 | 김동인 | 상문, 형설, 중앙 |
| 벙어리 삼룡이 | 나도향 | 민중 |
| 복덕방 | 이태준 | 블랙, 교학 |
| 봄봄 | 김유정 | 디딤돌, 문원 |
| 붉은 산 | 김동인 | 중앙 |
| B사감과 러브레터 | 현진건 | 교학 |
| 사랑 손님과 어머니 | 주요섭 | 중앙, 디딤돌, 민중, 상문 |
| 사수 | 전광용 | 두산 |
| 사하촌 | 김정한 | 중앙, 문원, 민중 |
| 산 | 이효석 | 문원, 형설 |
| 서울, 1964년 겨울 | 김승옥 | 문원, 블랙, 천재, 교학, 지학, 중앙 |
| 성황당 | 정비석 | 형설 |
| 소설가 구보씨의 일일 | 박태원 | 중앙, 천재, 교학, 대한, 형설, 문원, 민중 |
| 수난 이대 | 하근찬 | 교학, 지학, 중앙, 문원, 민중, 디딤돌, 케이스 |
| 애국부인전 | 장지연 | 지학, 한교 |
| 어둠의 혼 | 김원일 | 천재 |
| 역마 | 김동리 | 교학, 두산, 천재, 태성, 형설, 상문, 디딤돌 |

| 작품 | 작가 | 출판사 |
|------|------|--------|
| 역사 | 김승옥 | 중앙 |
| 오발탄 | 이범선 | 교학, 중앙, 금성, 두산 |
| 요한 시집 | 장용학 | 교학 |
| 운수 좋은 날 | 현진건 | 금성, 문원, 천재, 지학, 민중, 두산, 디딤돌, 케이스 |
| 유예 | 오상원 | 블랙, 천재, 중앙, 교학, 디딤돌, 민중 |
| 자유종 | 이해조 | 지학, 한교 |
| 장삼이사 | 최명익 | 천재 |
| 전황당인보기 | 정한숙 | 중앙 |
| 젊은 날의 초상 | 이문열 | 지학 |
| 젊은 느티나무 | 강신재 | 블랙, 중앙, 문원, 상문 |
| 제일과 제일장 | 이무영 | 중앙 |
| 치숙 | 채만식 | 문원, 청문, 중앙, 민중, 상문, 케이스 |
| 탈출기 | 최서해 | 형설, 두산, 민중 |
| 탈향 | 이호철 | 케이스 |
| 태평 천하 | 채만식 | 지학, 금성, 블랙, 교학, 형설, 태성, 디딤돌 |
| 표본실의 청개구리 | 염상섭 | 금성 |
| 학마을 사람들 | 이범선 | 민중 |
| 할머니의 죽음 | 현진건 | 중앙 |
| 해방 전후 | 이태준 | 천재 |
| 혈의 누 | 이인직 | 천재, 금성, 민중, 교학, 태성, 청문 |
| 홍염 | 최서해 | 상문, 지학, 금성, 두산, 케이스 |
| 화수분 | 전영택 | 태성, 중앙, 디딤돌, 블랙 |

# 〈베스트 논술 한국대표문학〉에 실린 시와 교과서 대조표

*〈베스트 논술 한국대표문학〉에 실린 시와 현행 국어 · 문학 18종 교과서의 수록 내용을 비교 · 분석하였다.

| 작품 | 작가 | 출판사 |
|---|---|---|
| 가는 길 | 김소월 | 지학, 블랙, 민중 |
| 가을의 기도 | 김현승 | 블랙 |
| 겨울 바다 | 김남조 | 지학 |
| 고향 | 백석 | 형설 |
| 국경의 밤 | 김동환 | 지학, 천재, 금성, 블랙, 태성 |
| 국화 옆에서 | 서정주 | 민중 |
| 귀천 | 천상병 | 지학, 디딤돌 |
| 귀촉도 | 서정주 | 지학 |
| 그 날이 오면 | 심훈 | 지학, 블랙, 교학, 중앙 |
| 그대들 돌아오시니 | 정지용 | 두산 |
| 그 먼 나라를 알으십니까 | 신석정 | 교학, 대한 |
| 껍데기는 가라 | 신동엽 | 지학, 천재, 금성, 블랙, 교학, 한교, 상문, 형설, 청문 |
| 꽃 | 김춘수 | 금성, 문원, 교학, 중앙, 형설 |
| 끝없는 강물이 흐르네 | 김영랑 | 디딤, 교학 |
| 나그네 | 박목월 | 천재, 블랙, 중앙, 한교 |
| 나룻배와 행인 | 한용운 | 문원, 블랙, 대한, 형설 |
| 남신의주 유동 박시봉방 | 백석 | 지학, 두산, 상문 |

| 작품 | 작가 | 출판사 |
|---|---|---|
| 남으로 창을 내겠소 | 김상용 | 지학, 한교, 상문 |
| 내 마음은 | 김동명 | 중앙, 상문 |
| 내 마음을 아실 이 | 김영랑 | 한교 |
| 농무 | 신경림 | 지학, 디딤, 금성, 블랙, 교학, 형설, 청문 |
| 누가 하늘을 보았다 하는가 | 신동엽 | 두산 |
| 눈길 | 고은 | 문원 |
| 님의 침묵 | 한용운 | 지학, 천재, 두산, 교학, 민중, 한교, 태성,디딤돌 |
| 떠나가는 배 | 박용철 | 지학, 한교 |
| 머슴 대길이 | 고은 | 디딤돌, 천재 |
| 먼 후일 | 김소월 | 청문 |
| 모란이 피기까지는 | 김영랑 | 지학, 천재, 금성, 형설 |
| 목계 장터 | 신경림 | 문원, 한교, 청문 |
| 목마와 숙녀 | 박인환 | 민중 |
| 바다와 나비 | 김기림 | 금성, 블랙, 한교, 대한, 형설 |
| 바위 | 유치환 | 금성, 문원, 중앙, 한교 |
| 별 헤는 밤 | 윤동주 | 문원, 민중 |
| 봄은 간다 | 김억 | 한교, 교학 |
| 봄은 고양이로다 | 이장희 | 블랙 |

| 작품 | 작가 | 출판사 |
|---|---|---|
| 불놀이 | 주요한 | 금성, 형설 |
| 빼앗긴 들에도 봄은 오는가 | 이상화 | 지학, 천재, 문원, 블랙, 디딤돌, 중앙 |
| 산 너머 남촌에는 | 김동환 | 천재, 블랙, 민중 |
| 산유화 | 김소월 | 두산, 민중 |
| 살아 있는 것이 있다면 | 박인환 | 대한, 교학 |
| 살아 있는 날은 | 이해인 | 교학 |
| 생명의 서 | 유치환 | 한교, 대한 |
| 사갈의 마을에 내리는 눈 | 김춘수 | 지학, 블랙, 태성 |
| 서시 | 윤동주 | 디딤돌, 민중 |
| 설일 | 김남조 | 교학 |
| 성묘 | 고은 | 교학 |
| 성북동 비둘기 | 김광섭 | 지학 |
| 쉽게 씌어진 시 | 윤동주 | 지학, 디딤돌, 중앙 |
| 승무 | 조지훈 | 지학, 디딤돌, 금성 |
| 알 수 없어요 | 한용운 | 중앙, 대한 |
| 어서 너는 오너라 | 박두진 | 디딤돌, 금성, 한교, 교학 |
| 오감도 | 이상 | 디딤돌, 대한 |
| 와사등 | 김광균 | 민중 |
| 우리가 물이 되어 | 강은교 | 지학, 문원, 교학, 형설, 청문, 디딤돌 |
| 우리 오빠의 화로 | 임화 | 디딤돌, 대한 |
| 울음이 타는 가을 강 | 박재삼 | 지학, 교학 |
| 자수 | 허영자 | 교학 |

| 작품 | 작가 | 출판사 |
|---|---|---|
| 자화상 | 노천명 | 민중 |
| 절정 | 이육사 | 지학, 천재, 금성, 두산, 문원, 블랙, 교학, 태성, 청문, 디딤돌 |
| 접동새 | 김소월 | 교학, 한교 |
| 조그만 사랑 노래 | 황동규 | 문원, 중앙 |
| 즐거운 편지 | 황동규 | 지학, 형설, 청문 |
| 진달래꽃 | 김소월 | 천재, 태성 |
| 청노루 | 박목월 | 지학, 문원, 상문 |
| 초토의 시 8 | 구상 | 지학, 천재, 두산, 상문, 태성 |
| 초혼 | 김소월 | 디딤돌, 금성, 문원 |
| 타는 목마름으로 | 김지하 | 디딤돌, 금성, 문원, 민중 |
| 풀 | 김수영 | 지학, 금성, 민중, 한교, 태성 |
| 프란츠 카프카 | 오규원 | 천재, 태성 |
| 피아노 | 전봉건 | 태성 |
| 해 | 박두진 | 두산, 블랙, 민중, 형설 |
| 해에게서 소년에게 | 최남선 | 지학, 천재, 금성, 두산, 문원, 민중, 한교, 대한, 형선, 태성, 청문, 디딤돌 |
| 향수 | 성지용 | 지학, 문원, 블랙, 교학, 한교, 상문, 청문, 디딤돌 |

# 〈베스트 논술 한국대표문학〉에 실린 시조와 교과서 대조표

*〈베스트 논술 한국대표문학〉에 실린 시조와 현행 국어 · 문학 18종 교과서의 수록 내용을 비교 · 분석하였다.

| 작품 | 작가 | 출판사 |
|---|---|---|
| 가노라 삼각산아 | 김상헌 | 교학, 형설 |
| 가마귀 눈비 맞아 | 백팽년 | 교학 |
| 가마귀 싸우는 골에 | 정몽주 어머니 | 교학 |
| 강호 사시가 | 맹사성 | 디딤돌, 두산, 교학 |
| 고산구곡 | 이이 | 한교 |
| 공명을 즐겨 마라 | 김삼현 | 지학 |
| 구름이 무심탄 말이 | 이존오 | 천재 |
| 국화야 너난 어이 | 이정보 | 블랙 |
| 녹초 청강상에 | 서익 | 지학 |
| 농암가 | 이현보 | 민중 |
| 뉘라서 가마귀를 | 박효관 | 교학 |
| 님 그린 상사몽이 | 박효관 | 천재 |
| 대추볼 붉은 골에 | 황희 | 중앙 |
| 도산 십이곡 | 이황 | 디딤돌, 블랙, 민중, 형설, 태성 |
| 동짓달 기나긴 밤을 | 황진이 | 지학, 천재, 금성, 두산, 문원, 교학, 상문, 대한 |
| 마음이 어린후니 | 서경덕 | 지학, 금성, 블랙, 한교 |
| 말없는 청산이요 | 성혼 | 지학, 천재 |
| 방안에 혔는 촉불 | 이개 | 천재, 금성, 교학 |
| 백구야 말 물어보자 | 김천택 | 지학 |
| 백설이 자자진 골에 | 이색 | 지학 |
| 삭풍은 나무끝에 | 김종서 | 중앙, 형설 |
| 산촌에 눈이 오니 | 신흠 | 지학 |

| 작품 | 작가 | 출판사 |
|---|---|---|
| 삼동에 베옷 닙고 | 조식 | 지학, 형설 |
| 산인교 나린 물이 | 정도전 | 천재 |
| 수양산 바라보며 | 성삼문 | 천재, 교학 |
| 십년을 경영하여 | 송순 | 지학, 금성, 블랙, 중앙, 한교, 상문, 대한, 형설 |
| 어리고 성긴 매화 | 안민영 | 형설 |
| 어부사시사 | 윤선도 | 금성, 문원, 민중, 상문, 대한, 형설, 청문 |
| 오리의 짧은 다리 | 김구 | 청문 |
| 오백년 도읍지를 | 길재 | 블랙, 청문 |
| 오우가 | 윤선도 | 형설 |
| 이몸이 죽어가서 | 성삼문 | 지학, 두산, 민중, 대한, 형설 |
| 이시렴 부디 갈다 | 성종 | 지학 |
| 이화에 월백하고 | 이조년 | 디딤돌, 천재, 두산 |
| 이화우 흣뿌릴 제 | 계랑 | 한교 |
| 재너머 성권농 집에 | 정철 | 천재, 형설 |
| 천만리 머나먼 길에 | 왕방연 | 문원, 블랙 |
| 청산리 벽계수야 | 황진이 | 지학 |
| 추강에 밤이 드니 | 월산대군 | 천재, 금성, 민중 |
| 춘산에 눈녹인 바람 | 우탁 | 디딤돌 |
| 풍상이 섞어 친 날에 | 송순 | 지학, 청문 |
| 한손에 막대 잡고 | 우탁 | 금성 |
| 훈민가 | 정철 | 지학, 금성 |
| 흥망이 유수하니 | 원천석 | 천재, 중앙, 한교, 디딤돌, 대한 |

# 〈베스트 논술 한국대표문학〉에 실린 수필과 교과서 대조표

*〈베스트 논술 한국대표문학〉에 실린 수필과 현행 국어·문학 18종 교과서의 수록 내용을 비교·분석하였다.

| 작품 | 작가 | 출판사 |
|---|---|---|
| 가난한 날의 행복 | 김소운 | 천재 |
| 가람 일기 | 이병기 | 지학 |
| 구두 | 계용묵 | 디딤돌, 문원, 상문, 대한 |
| 그믐달 | 나도향 | 블랙, 태성 |
| 꼴찌에게 보내는 갈채 | 박완서 | 태성 |
| 나무 | 이양하 | 상문 |
| 나무의 위의 | 이양하 | 문원, 태성 |
| 낭객의 신년 만필 | 신채호 | 두산, 블랙, 한교 |
| 딸깍발이 | 이희승 | 지학, 디딤돌, 청문 |
| 멋없는 세상 멋있는 사람 | 김태길 | 중앙 |
| 무궁화 | 이양하 | 디딤돌 |
| 백설부 | 김진섭 | 지학, 천재, 형설, 태성, 청문 |
| 생활인의 철학 | 김진섭 | 지학, 태성 |
| 수필 | 피천득 | 지학, 천재, 한교, 태성, 청문 |
| 수학이 모르는 지혜 | 김형석 | 청문 |
| 슬픔에 관하여 | 유달영 | 문원, 중앙 |
| 웃음설 | 양주동 | 교학, 태성 |
| 은전 한 닢 | 피천득 | 금성, 대한 |
| 이야기 | 피천득 | 지학, 청문 |
| 인생의 묘미 | 김소운 | 지학 |
| 지조론 | 조지훈 | 블랙, 한교 |
| 청춘 예찬 | 민태원 | 금성, 블랙 |
| 특급품 | 김소운 | 교학 |
| 폭포와 분수 | 이어령 | 지학, 블랙 |
| 피딴 문답 | 김소운 | 디딤돌, 금성, 한교 |
| 행복의 메타포 | 안병욱 | 교학 |
| 헐려 짓는 광화문 | 설의식 | 두산 |

**베스트 논술 한국대표문학 ⑳**

# 표본실의 청개구리 · 모범 경작생 외

**지은이** 염상섭 / 박영준
**펴낸이** 류성관
**펴낸곳** SR&B(새로본닷컴)
**주 소** 서울특별시 마포구 망원동 463-2번지
**전 화** 02)333-5413
**팩 스** 02)333-5418
**등 록** 제10-2307호
**인 쇄** 만리 인쇄사